SAMMLUNG GUTTENTAG

257 a

Ergänzung

zu

Ebel - Weller

Allgemeines Berggesetz (ABG)

2. Auflage

Bearbeitet von

Dr. jur. Herbert Weller
Leitender Regierungsdirektor

BERLIN 1969

WALTER DE GRUYTER & CO.

vormals G. J. Göschen'sche Verlagshandlung · J. Guttentag, Verlagsbuchhandlung
Georg Reimer · Karl J. Trübner · Veit & Comp.

Archiv-Nr. 2 957 681

Satz und Druck: Max Schönherr, Berlin 65

Vorwort zum Ergänzungsband

Seit dem Erscheinen der 2. Auflage des Bergrechtskommentars von Ebel-Weller im Jahre 1963 sind zwar erst fünf Jahre vergangen, doch ist das Allgemeine Berggesetz inzwischen sowohl in Nordrhein-Westfalen wie auch im Saarland in wesentlichen Teilen geändert worden, und zwar zuletzt durch das Vierte Gesetz zur Änderung berggesetzlicher Vorschriften im Lande Nordrhein-Westfalen vom 11. Juni 1968. Damit der Kommentar seine Aufgabe als Handbuch für die bergrechtliche Praxis weiterhin erfüllt, mußte er durch die neuen Bestimmungen ergänzt werden. Von einer Neuauflage des gesamten Werkes wurde abgesehen, weil entweder mit weiteren Änderungen des ABG in den übrigen Bundesländern gerechnet werden muß oder — was zu wünschen wäre — in absehbarer Zeit ein Bundesberggesetz erlassen wird, das an die Stelle der landesrechtlichen Vorschriften tritt.

Die vorliegende Ergänzung beschränkt sich deshalb auf die Wiedergabe und Erläuterung der in den Bergbauländern Nordrhein-Westfalen und Saarland seit 1963 vorgenommenen Bergrechtsänderungen. Aus Gründen der Übersichtlichkeit erschien es zweckmäßig, nicht nur die geänderten Bestimmungen aufzunehmen, sondern den ganzen Text des Allgemeinen Berggesetzes in der in Nordrhein-Westfalen gültigen Fassung abzudrucken. Im Saarland gilt, abgesehen von den hier wiedergegebenen Änderungen, der im Hauptband (S. 49 ff.) enthaltene Wortlaut des Berggesetzes.

An dieser Stelle möchte ich meines verehrten Kollegen Oberbergrat a. D. Dr. Herbert Ebel gedenken, der am 6. 11. 1963 im Alter von 77 Jahren verstorben ist.

Bonn, im Juli 1968 — Herbert Weller

I.

Allgemeines Berggesetz

vom 24. Juni 1865 (PrGS. NW. S. 164/SGV. NW. 75)

geändert durch das Dritte Gesetz zur Änderung berggesetzlicher Vorschriften im Lande Nordrhein-Westfalen vom 8. Dezember 1964 (GV. NW. S. 412)

und

das Vierte Gesetz zur Änderung berggesetzlicher Vorschriften im Lande Nordrhein-Westfalen vom 11. Juni 1968 (GV. NW. S. 201)

unter Berücksichtigung des saarländischen Gesetzes Nr. 847 zur Änderung des Allgemeinen Berggesetzes vom 5. Juli 1967 (ABl. S. 637).*

Erster Titel

Allgemeine Bestimmungen

§ 1

(1) Die nachstehend bezeichneten Mineralien sind vom Verfügungsrechte des Grundeigentümers ausgeschlossen:

Gold, Silber, Quecksilber, Eisen mit Ausnahme der Raseneisenerze, Blei, Kupfer, Zinn, Zink, Kobalt, Nickel, Arsen, Mangan, Wolfram, Molybdän, Vanadium, Titan, Chrom, Wismut, Antimon und Schwefel, gediegen und als Erze;
Alaun- und Vitriolerze;
Uran- und Thoriumerze;
Steinkohle, Braunkohle und Graphit;
Steinsalz, Kali-, Magnesia- und Borsalze nebst den mit diesen Salzen auf derselben Lagerstätte vorkommenden Salzen und die Solquellen.

(2) Die Aufsuchung und Gewinnung dieser Mineralien unterliegt den Vorschriften dieses Gesetzes.

§ 1 a

Der Erwerb und Betrieb von Bergwerken für Rechnung des Staates ist, sofern sich aus den nachstehenden Bestimmungen nichts anderes ergibt, allen berggesetzlichen Bestimmungen ebenfalls unterworfen.

§ 2

(1) Soweit nicht durch Gesetz oder Verordnung Ausnahmen vorgesehen sind, steht die Aufsuchung und Gewinnung folgender Mineralien nur dem Staate zu:

* Die geänderten Vorschriften werden durch Fettdruck kenntlich gemacht.

a) der Steinkohle;
b) des Steinsalzes sowie der Kali-, Magnesia- und Borsalze nebst den mit diesen Salzen auf derselben Lagerstätte vorkommenden Salzen und Solquellen;
c) (gegenstandslos, weil außer Geltungsbereich);
d) (gegenstandslos, weil außer Geltungsbereich);
e) der Uran- und Thoriumerze.

(2) Der Staat kann die Ausbeutung eines Bergwerkes, das ihm im Bereich dieses Vorbehalts verliehen ist, anderen Personen übertragen.

Zweiter Titel

Von dem Erwerb des Bergwerkseigentums

Erster Abschnitt

Vom Schürfen

§ 3

(1) Nach Maßgabe der folgenden Vorschriften ist die Aufsuchung der im § 1 bezeichneten Mineralien auf ihren natürlichen Ablagerungen — das Schürfen — bei den nach § 2 Abs. 1 dem Staate vorbehaltenen Mineralien nur dem Staate, den von ihm ermächtigten Personen und ihren Beauftragten, sonst dagegen jedermann gestattet.

(2) Für Arbeiten zur geophysikalischen Untersuchung des Untergrundes gelten die §§ 3 bis 6, 8 und 9 entsprechend.

§ 3 a

(1) Die Vorschriften im achten und neunten Titel dieses Gesetzes (von den Bergbehörden und von der Bergaufsicht) finden auf das Schürfen entsprechende Anwendung. Die Bergbehörde kann Schürfarbeiten auch dann untersagen, wenn sie den ungestörten Betrieb fremder Schürfarbeiten oder eines fremden Bergwerkes bedrohen.

(2) Der Schürfer kann durch Bergverordnung des Oberbergamts verpflichtet werden, der Bergbehörde von dem Beginn und von der Einstellung der Schürfarbeiten innerhalb einer bestimmten Frist Anzeige zu machen. Ferner kann durch Bergverordnung des Oberbergamts die Geltung der §§ 67 bis 70 und 72 bis 77 dieses Gesetzes mit den aus der Sachlage sich ergebenden Änderungen auf Schürfarbeiten ausgedehnt werden.

§ 3 b

Die Bergbehörden sind zur Geheimhaltung der zu ihrer amtlichen Kenntnis gekommenen Tatsachen verpflichtet.

§ 4

(1) Auf öffentlichen Plätzen, Straßen und Eisenbahnen, auf See- und Flußdeichen sowie auf Friedhöfen ist das Schürfen verboten.

(2) Auf anderen Grundstücken ist das Schürfen unstatthaft, wenn nach der Entscheidung der Bergbehörde überwiegende Gründe des öffentlichen Interesses entgegenstehen.

(3) Unter Gebäuden und in einem Umkreis um sie bis zu 60 m, in Gärten und eingefriedigten Hofräumen darf nicht geschürft werden, es sei denn, daß der Grundbesitzer es ausdrücklich gestattet oder daß das Oberbergamt das Schürfen aus überwiegenden Gründen des öffentlichen Interesses zugelassen hat.

§ 5

(1) Wer zur Ausführung von Schürfarbeiten fremden Grund und Boden benutzen will, hat hierzu die Erlaubnis des Grundbesitzers nachzusuchen.

(2) Mit Ausnahme der im § 4 bezeichneten Fälle muß der Grundbesitzer, er sei Eigentümer oder Nutzungsberechtigter, das Schürfen auf seinem Grund und Boden gestatten.

§ 6

(1) Der Schürfer ist verpflichtet, dem Grundbesitzer für die entzogene Nutzung jährlich im voraus vollständige Entschädigung zu leisten und das Grundstück nach beendigter Benutzung zurückzugeben, auch für den Fall, daß durch die Benutzung eine Wertsverminderung des Grundstücks eintritt, bei der Rückgabe den Minderwert zu ersetzen.

(2) Für die Erfüllung dieser letzteren Verpflichtung kann der Grundbesitzer schon bei der Abtretung des Grundstücks eine angemessene Sicherheitsleistung von dem Schürfer verlangen.

§ 7

Die dem Grundeigentümer im letzten Satze des § 137 und in den §§ 138, 139 und 141 eingeräumten Rechte stehen demselben auch gegen den Schürfer zu.

§ 8

(1) Kann der Schürfer sich mit dem Grundbesitzer über die Gestattung der Schürfarbeiten nicht gütlich einigen, so entscheidet das Oberbergamt durch einen Beschluß darüber, ob und unter welchen Bedingungen die Schürfarbeiten unternommen werden dürfen.

(2) Das Oberbergamt darf die Ermächtigung nur in den Fällen des § 4 versagen.

(3) Dasselbe setzt beim Mangel einer Einigung unter den Beteiligten die Entschädigung und die Sicherheitsleistung (§ 6) fest ...

(4) Wegen der Kosten gilt § 147 entsprechend.

§ 9

Durch Beschreitung des Rechtsweges vor den ordentlichen Gerichten wird, wenn diese nur wegen der Festsetzung der Entschädigung oder der Sicherheitsleistung erfolgt, der Beginn der Schürfarbeiten nicht aufgehalten, vorausgesetzt, daß die Entschädigung an den Berechtigten gezahlt oder bei verweigerter Annahme gerichtlich hinterlegt, auch eine etwa angeordnete gerichtliche Sicherheitsleistung erfolgt ist.

§ 10

(1) Im Felde eines verliehenen Bergwerkes darf nach denjenigen Mineralien geschürft werden, auf welche der Bergwerkseigentümer Rechte noch nicht erworben hat.

(2) Bedrohen Schürfarbeiten die Sicherheit der Baue oder den ungestörten Betrieb eines fremden Bergwerkes, so kann der Bergwerksbesitzer verlangen, daß der Schürfer ihm vor Beginn der Schürfarbeiten eine angemessene Sicherheit für die etwa zu leistende Entschädigung bestellt. Für diese Sicherheit gelten § 8 Abs. 3 und 4 sowie § 9 entsprechend.

§ 11

(1) Der Schürfer ist befugt, über die bei seinen Schürfarbeiten geförderten Mineralien (§ 1) zu verfügen, insofern nicht bereits Dritte Rechte auf dieselben erworben haben.

(2) (gegenstandslos).

Zweiter Abschnitt

Vom Muten

§ 12

(1) Das Gesuch um Verleihung des Bergwerkseigentums in einem gewissen Felde — die Mutung — muß bei dem Oberbergamte eingereicht werden.

(2) Das Oberbergamt hat die Befugnis, für bestimmte Reviere die Annahme der Mutungen den Bergämtern zu überweisen.

(3) Dieser Auftrag muß durch das Regierungsamtsblatt und das Gesetz- und Verordnungsblatt bekanntgemacht werden.

§ 13

(1) Die Mutung ist schriftlich in zwei gleichlautenden Exemplaren einzulegen.

(2) Jedes Exemplar wird mit Tag und Stunde des Eingangs versehen und sodann ein Exemplar dem Muter zurückgegeben.

(3) Die Mutung kann bei der zur Annahme derselben befugten Behörde zur Niederschrift erklärt werden.

§ 14

(1) Jede Mutung muß enthalten:

1. den Namen und Wohnort des Muters,

2. die Bezeichnung des Minerals, auf welches die Verleihung des Bergwerkeigentums verlangt wird,

3. die Bezeichnung des Fundpunktes,
4. den dem Bergwerke beizulegenden Namen.

(2) Fehlt der Mutung eine dieser Angaben, so hat der Muter dem Mangel auf die Aufforderung der Bergbehörde innerhalb einer Woche abzuhelfen. Geschieht dies nicht, so ist die Mutung von Anfang an ungültig.

(3) Eine Mutung ist auch dann von Anfang an ungültig, wenn die für die Ausfertigung der Verleihungsurkunde zu erhebende Verwaltungsgebühr nicht binnen der vom Oberbergamt bestimmten Frist gezahlt wird.

§ 15

(1) Die Gültigkeit einer Mutung ist dadurch bedingt:

1. daß das in der Mutung bezeichnete Mineral an dem angegebenen Fundpunkte (§ 14) auf seiner natürlichen Ablagerung vor Einlegung der Mutung entdeckt worden ist und bei der amtlichen Untersuchung in solcher Menge und Beschaffenheit nachgewiesen wird, daß eine zur wirtschaftlichen Verwertung führende bergmännische Gewinnung des Minerals möglich erscheint;
2. daß nicht bessere Rechte auf den Fund entgegenstehen.

(2) Ist die auf einen Fund eingelegte Mutung infolge Überdeckung durch das Feld einer anderen Mutung ungültig geworden, so kann der Fund, wenn er später wieder ins Bergfreie fällt, nur von dem ersten Muter oder mit dessen Einwilligung zum Gegenstand einer neuen Mutung gemacht werden.

§ 16

(aufgehoben)

§ 17

(1) Der Muter hat die Lage und Größe des begehrten Feldes (§ 27), letztere nach Quadratmetern, anzugeben und einen von einem konzessionierten Markscheider oder öffentlich bestellten Vermessungsingenieur angefertigten Situationsriß in zwei Exemplaren einzureichen, auf dem der Fundpunkt, die Feldgrenzen, die zur Orientierung erforderlichen Tagesgegenstände und der Meridian angegeben sein müssen.

(2) Der bei Anfertigung dieses Situationsrisses anzuwendende Maßstab wird durch das Oberbergamt festgesetzt und durch die Regierungsamtsblätter bekanntgemacht.

§ 18

(1) Die Angabe der Lage und Größe des Feldes sowie die Einreichung des Situationsrisses (§ 17) müssen binnen sechs Monaten nach Eingang der Mutung bei der zu ihrer Annahme befugten Bergbehörde erfolgen.

(2) Geschieht dies nicht, so ist die Mutung von Anfang an ungültig.

(3) Unterläßt der Muter die Einrichtung eines zweiten Exemplars des Situationsrisses, so kann die Bergbehörde dasselbe auf Kosten des Muters anfertigen lassen.

(4) Mängeln des Situationsrisses, die nicht vom Oberbergamte beseitigt werden (§ 33), hat der Muter auf die Aufforderung der Bergbehörde binnen sechs Wochen abzuhelfen. Auf Antrag des Muters kann die Frist angemessen verlängert werden. Werden die Fristen versäumt, so ist die Mutung von Anfang an ungültig.

§ 19

(1) Die Lage und Größe des begehrten Feldes können nur innerhalb der auf dem Situationsrisse (§ 17) angegebenen Grenzen abgeändert werden.

(2) Gegen Mutungen Dritter ist das gesetzlich begehrte, auf dem Situationsrisse angegebene Feld einer Mutung für die Dauer ihrer Gültigkeit geschlossen.

(3) Diese Wirkung tritt mit dem Zeitpunkte des Eingangs der Mutung ein und wird auf diesen Zeitpunkt auch dann zurückbezogen, wenn der Situationsriß erst später innerhalb der im § 18 vorgeschriebenen Frist eingereicht worden ist.

§ 19 a

(1) Wird nach oder unter Verzichtleistung auf eine Mutung auf den dieser zugrunde liegenden Fund oder auf einen anderen in demselben Bohrloch oder Schürfschacht aufgeschlossenen Fund desselben Minerals eine neue Mutung eingelegt, so beginnt für letztere der Lauf der im § 18 Abs. 1 bestimmten Frist mit dem Eingang der zuerst eingelegten Mutung. Nach Ablauf von sechs Monaten nach dem Eingang der zuerst eingelegten Mutung kann eine neue Mutung auf denselben Fund oder auf einen in demselben Bohrloch oder Schürfschacht aufgeschlossenen Fund desselben Minerals nicht mehr eingelegt werden.

(2) Wird eine Mutung infolge Nichteinhaltung der im § 18 Abs. 1 und 4 bestimmten Fristen von Anfang an ungültig, so kann eine neue Mutung auf denselben Fund oder auf einen in demselben Bohrloch oder Schürfschacht aufgeschlossenen Fund desselben Minerals ebenfalls nicht mehr eingelegt werden.

§ 20

(1) Das Feld einer jeden Mutung wird gleich nach Einreichung des Situationsrisses (§ 17) von der Bergbehörde auf die Mutungsübersichtskarte aufgetragen.

(2) Die Einsicht in diese Karte ist jedermann gestattet.

§ 21

Versuchsarbeiten, welche der Muter etwa noch vor der Verleihung ausführt, unterliegen den Vorschriften der §§ 3 bis 11.

Dritter Abschnitt

Vom Verleihen

§ 22

Die den gesetzlichen Erfordernissen entsprechende Mutung begründet einen Anspruch auf Verleihung des Bergwerkseigentums in dem im § 27 bestimmten Felde.

§ 23

Dieser Anspruch kann jedoch vor den ordentlichen Gerichten nicht gegen die verleihende Bergbehörde, sondern nur gegen diejenigen Personen verfolgt werden, die dem Muter die Behauptung eines besseren Rechts entgegensetzen.

§ 24

(1) Wer auf eigenem Grund und Boden oder in seinem eigenen Grubengebäude oder durch Schürfarbeiten, die nach Vorschrift der §§ 3 bis 10 unternommen worden sind, ein Mineral (§ 1) auf seiner natürlichen Ablagerung entdeckt, hat als Finder das Vorrecht vor anderen, nach dem Zeitpunkte seines Fundes eingelegten Mutungen.

(2) Der Finder muß jedoch innerhalb einer Woche nach Ablauf des Tages der Entdeckung Mutung einlegen, widrigenfalls sein Vorrecht erlischt.

§ 25

In allen übrigen Fällen geht die ältere Mutung der jüngeren vor. Das Alter wird durch den Zeitpunkt des Eingangs bei der zur Annahme befugten Bergbehörde (§ 12) bestimmt.

§ 26

(1) Das Bergwerkseigentum wird für Felder verliehen, die, soweit die Örtlichkeit es gestattet, von geraden Linien an der Oberfläche und von senkrechten Ebenen in die ewige Teufe begrenzt werden.

(2) Der Flächeninhalt der Felder ist nach der horizontalen Projektion in Quadratmetern festzustellen.

§ 27

(1) Der Muter hat das Recht,

1. in den Kreisen Siegen und Olpe des Regierungsbezirks Arnsberg ... ein Feld bis zu 110 000 qm,

2. in allen übrigen Landesteilen ein Feld bis zu 2 200 000 qm zu verlangen.

(2) Der Fundpunkt muß stets in das verlangte Feld eingeschlossen werden. Der Abstand des Fundpunktes von jedem Punkte der Begrenzung des Feldes darf bei 110 000 qm (Nr. 1) nicht unter 25 m und nicht über 500 m, bei 2 200 00 qm (Nr. 2) nicht unter 100 m und nicht über 2000 m betragen. Dieser Abstand wird auf dem kürzesten Wege durch das Feld gemessen.

(3) Freibleibende Flächenräume dürfen von dem Felde nicht umschlossen werden.

(4) Im übrigen darf dem Felde jede beliebige, den Bedingungen des § 26 entsprechende Form gegeben werden, soweit diese nach der Entscheidung des Oberbergamts zum Bergwerksbetriebe geeignet ist.

(5) Abweichungen von diesen Vorschriften über den Abstand des Fundpunkts und die Form des Feldes sind nur zulässig, wenn sie durch besondere, vom Willen des Muters unabhängige Umstände gerechtfertigt werden.

§ 28

(1) Sobald die Sachlage es gestattet, hat die Bergbehörde einen dem Muter mindestens vierzehn Tage vorher bekanntzumachenden Termin anzusetzen, in dem dieser seine Schlußerklärung über die Größe und Begrenzung des Feldes sowie über etwaige Einsprüche und widersprechende Ansprüche Dritter abzugeben hat.

(2) Erscheint der Muter im Termine nicht, so wird angenommen, daß er seinen Anspruch auf Verleihung des Bergwerkseigentums in dem auf dem Situationsrisse (§ 17) angegebenen Felde aufrechterhält und die Entscheidung der Bergbehörde über seinen Anspruch sowie über die etwaigen Einsprüche und Ansprüche Dritter erwartet.

§ 29

Zu dem Termin (§ 28) werden

1. diejenigen Muter, deren Rechte wegen der Lage ihrer Fundpunkte oder Felder mit dem begehrten Felde bereits in Widerspruch stehen oder doch in Widerspruch geraten können,

2. die Vertreter der durch das begehrte Feld ganz oder teilweise überdeckten und der benachbarten Bergwerke zur Wahrnehmung ihrer Rechte mit dem Eröffnen vorgeladen, daß im Falle ihres Ausbleibens die Bergbehörde lediglich nach Lage der Verhandlungen entscheiden werde.

§ 30

Liegen Einsprüche und Widersprüche mit den Rechten Dritter nicht vor und findet sich auch sonst gegen die Anträge des Muters gesetzlich nichts zu erinnern, so fertigt das Oberbergamt ohne weiteres die Verleihungsurkunde aus.

§ 31

(1) Liegen Einsprüche oder Widersprüche mit den Rechten Dritter vor oder kann aus anderen gesetzlichen Gründen den Anträgen des Muters gar nicht oder nicht in ihrem ganzen Umfange entsprochen werden, so entscheidet das Oberbergamt über die Erteilung oder Versagung der Verleihung durch einen Beschluß, welcher dem Muter und den beteiligten Dritten in Ausfertigung zugestellt wird.

(2) Sofern Einsprüche und Ansprüche, welche durch den Beschluß des Oberbergamts abgewiesen werden, vor den ordentlichen Gerichten verfolgt werden können, muß die Klage innerhalb von drei Monaten vom Ablauf des Tages, an welchem der Beschluß zugestellt ist, erhoben werden.

(3) Wer von dieser Frist keinen Gebrauch macht, geht seines etwaigen Rechts verlustig.

(4) Die in dem Verleihungsverfahren durch unbegründete Einsprüche entstehenden Kosten hat der Widersprechende zu tragen.

§ 32

Sind die der Verleihung entgegenstehenden Hindernisse (§ 31) durch die Entscheidung der Bergbehörde oder des ordentlichen Gerichts beseitigt, so fertigt das Oberbergamt die Verleihungsurkunde aus.

§ 33

(1) Bei Ausfertigung der Verleihungsurkunde werden die beiden Exemplare des Situationsrisses (§ 17) von dem Oberbergamte beglaubigt, erforderlichenfalls aber vorher berichtigt und vervollständigt.

(2) Das eine Exemplar des Risses erhält der Bergwerkseigentümer, das andere wird bei der Bergbehörde aufbewahrt.

§ 34

Die Verleihungsurkunde muß enthalten:

1. den Namen, Stand und Wohnort des Berechtigten,
2. den Namen des Bergwerks,
3. den Flächeninhalt und die Begrenzung des Feldes unter Verweisung auf den Situationsriß (§ 33),
4. den Namen der Gemeinde, des Kreises, des Regierungs- und Oberbergamtsbezirks, in welchem das Feld liegt,
5. die Benennung des Minerals oder der Mineralien, auf welche das Bergwerkseigentum verliehen wird,
6. Datum der Urkunde,
7. Siegel und Unterschrift des verleihenden Oberbergamts.

§ 35

(1) Die Verleihungsurkunde ist binnen sechs Wochen nach der Ausfertigung durch das Amtsblatt der Regierung, in deren Bezirk das Bergwerk liegt, unter Verweisung auf diesen und den folgenden Paragraphen zur öffentlichen Kenntnis zu bringen.

(2) Muter, welche auf das in der Bekanntmachung bezeichnete Feld oder auf Teile desselben ein Vorrecht zu haben glauben, können dieses Recht, sofern hierüber nicht bereits in dem Verleihungsverfahren verhandelt und in dem Beschlusse des Oberbergamts (§ 31) entschieden worden ist, noch innerhalb von drei Monaten vom Ablaufe des Tages, an dem das die Bekanntmachung enthaltende Amtsblatt ausgegeben worden ist, durch Klage vor den ordentlichen Gerichten gegen den Bergwerkseigentümer verfolgen.

(3) Wer von dieser Frist keinen Gebrauch macht, geht seines etwaigen Vorrechts verlustig.

(4) Wird das Vorrecht des Widersprechenden durch rechtskräftiges Urteil anerkannt, so hat das Oberbergamt die Verleihungsurkunde je nach Lage des Falles aufzuheben oder zu ändern.

§ 36

(1) § 35 findet auch auf solche Bergwerkseigentümer Anwendung, die nach § 55 ein Vorrecht auf die in der veröffentlichten Verleihungsurkunde bezeichneten Mineralien zu haben glauben, sofern dieses Recht nach § 55 nicht schon erloschen, auch über dasselbe nicht bereits in dem Verleihungsverfahren verhandelt und in dem Beschlusse des Oberbergamts (§ 31) entschieden worden ist.

(2) Im übrigen werden die Rechte des verliehenen Bergwerkseigentums durch die Aufforderung und Ausschlußwirkung des § 35 nicht betroffen.

§ 37

Während der dreimonatigen Frist des § 35 ist die Einsicht in die Situationsriß (§ 33) bei der Bergbehörde jedermann gestattet.

§ 38

Die Kosten des Verleihungsverfahrens hat mit Ausnahme der durch unbegründete Einsprüche entstandenen (§ 31) der Muter zu tragen.

§ 38 a

(1) Das Oberbergamt hat die Verleihungsurkunde aufzuheben oder zu ändern, wenn es auf Antrag oder von Amts wegen nach Anhörung des Bergwerkseigentümers durch Beschluß feststellt, daß das Bergwerkseigentum zu Unrecht auf ein dem Verfügungsrechte des Grundeigentümers unterliegendes Mineral verliehen worden ist.

(2) Wird das Mineral durch die Entscheidung des Oberbergamts oder durch verwaltungsgerichtliches Urteil für nicht verleihbar erklärt, so gilt von der Rechtskraft der Entscheidung oder des Urteils ab das Bergwerkseigentum als aufgehoben; der Bergwerkseigentümer kann sich jedoch auf sein Recht solchen Rechtshandlungen gegenüber nicht berufen, die der Grundeigentümer vor der Rechtskraft der Entscheidung oder des Urteils über das zu Unrecht verliehene, vom Bergwerkseigentümer aber nicht gewonnene Mineral vorgenommen hat. § 160 Abs. 2 und § 163 finden Anwendung.

(3) Die Vorschriften der Absätze 1 und 2 gelten entsprechend, wenn eine Berechtigung als Bergwerkseigentum im Grundbuch eingetragen ist, die sich auf einen vor dem Inkrafttreten dieses Gesetzes liegenden Rechtsvorgang gründet, auf den jedoch die gesetzlichen Vorschriften über das Bergwerkseigentum nach Feststellung des Oberbergamts nicht anwendbar sind.

§ 38 b

(1) Das Bergwerkseigentum an den nach § 2 Abs. 1 dem Staate vorbehaltenen Mineralien wird dem Staate durch den Minister für Wirtschaft, Mittelstand und Verkehr verliehen; die §§ 12 bis 38 sind nicht anzuwenden.

(2) Die Verleihung ist von dem Nachweis abhängig, daß das Mineral innerhalb des zu verleihenden Feldes auf seiner natürlichen Ablagerung in solcher Menge und Beschaffenheit entdeckt worden ist, daß eine zur wirtschaftlichen Verwertung führende bergmännische Gewinnung des Minerals möglich erscheint.

(3) Die Verleihung erfolgt durch Ausstellung einer mit Siegel und Unterschrift zu versehenden Urkunde, welche die im § 34 unter Ziff. 1 bis 6 aufgezählten Angaben enthalten und mit einem von einem konzessionierten Markscheider oder öffentlich bestellten Vermessungsingenieur angefertigten, der Vorschrift im § 17 Abs. 1 entsprechenden Situationsrisse verbunden werden muß.

(4) Die Verleihungsurkunde ist im Bundesanzeiger zu veröffentlichen.

§ 38c

(1) Das nach Maßgabe des § 38b begründete Bergwerkseigentum des Staates an den im § 2 Abs. 1 genannten Mineralien kann in der Weise belastet werden, daß demjenigen, zu dessen Gunsten die Belastung erfolgt, auf Zeit das vererbliche und veräußerliche Recht zusteht, die im § 2 Abs. 1 bezeichneten Mineralien oder einzelne dieser Mineralien innerhalb des auf dem Situationsriß angegebenen Feldes nach den Bestimmungen dieses Gesetzes aufzusuchen und zu gewinnen und alle hierzu erforderlichen Anlagen unter und über Tage zu treffen.

(2) Während des Bestehens eines nach Abs. 1 begründeten Gewinnungsrechts finden alle Vorschriften dieses Gesetzes über die Rechte und Pflichten des Bergwerkseigentümers (Bergwerksbesitzers, Bergbautreibenden, Werksbesitzers) mit Ausnahme der §§ 39, 55, 65, 156 bis 162 und 164 mit der Maßgabe Anwendung, daß an die Stelle des Bergwerkseigentümers (Bergwerksbesitzers, Bergbautreibenden, Werksbesitzers) der Gewinnungsberechtigte tritt.

(3) Steht ein Gewinnungsrecht der im Abs. 1 bezeichneten Art zwei oder mehreren Mitberechtigten zu, so finden auf die Rechtsverhältnisse der Mitberechtigten die Vorschriften des vierten Titels dieses Gesetzes Anwendung.

Vierter Abschnitt
Vom Vermessen

§ 39

(1) Der Bergwerkseigentümer ist befugt, die amtliche Vermessung und Verlochsteinung des durch die Verleihungsurkunde bestimmten Feldes zu verlangen.

(2) Dieselbe Befugnis steht den Eigentümern angrenzender Bergwerke zu.

(3) Die Vermessung und Verlochsteinung werden unter Leitung der Berg-

behörde durch einen konzessionierten Markscheider oder öffentlich bestellten Vermessungsingenieur ausgeführt.

(4) Die Kosten hat der Antragsteller zu tragen.

§ 40

(1) Zu der Vermessung und Verlochsteinung werden außer dem Bergwerkseigentümer die Vertreter der angrenzenden Bergwerke und die Besitzer der Grundstücke, auf denen Lochsteine zu setzen sind, zugezogen.

(2) Die Grundbesitzer sind verpflichtet, das Betreten ihrer Grundstücke und das Setzen der Lochsteine gegen vollständigen Ersatz des Schadens zu gestatten.

Fünfter Abschnitt

Von der Konsolidation

§ 41

Die Vereinigung von zwei oder mehr Bergwerken zu einem einheitlichen Ganzen — Konsolidation — unterliegt der Bestätigung des Oberbergamts (§ 49).

§ 42

Zur Konsolidation ist erforderlich:

1. ein notariell oder gerichtlich beurkundeter Konsolidationsakt — je nach Beschaffenheit des Falles ein Vertrag oder Beschluß der Mitbeteiligten oder eine Erklärung des Alleineigentümers,

2. ein von einem konzessionierten Markscheider oder öffentlich bestellten Vermessungsingenieur in zwei Exemplaren angefertigter Situationsriß des ganzen Feldes,

3. die Angaben des dem konsolidierten Bergwerke beigelegten Namens.

§ 43

Kann das durch die Konsolidation entstehende (konsolidierte) Werk nur als Ganzes mit Hypotheken und dinglichen Lasten beschwert werden (vgl. § 98), so muß für den Fall, daß auf den einzelnen Bergwerken Hypotheken oder andere Realrechte ... haften, außer dem Konsolidationsakt eine mit den Berechtigten vereinbarte Bestimmung darüber beigebracht werden, daß und in welcher Rangordnung die Rechte derselben auf das konsolidierte Werk als Ganzes übergehen sollen.

§ 44

In allen übrigen Fällen muß in dem Konsolidationsakt eine Bestimmung des Anteilsverhältnisses, nach welchem jedes einzelne Bergwerk in das konsolidierte Werk eintreten soll, enthalten sein. Auf diese Fälle finden alsdann die besonderen Vorschriften der §§ 45 bis 48 Anwendung.

§ 45

(1) Der wesentliche Inhalt des Konsolidationsaktes, insbesondere die Bestimmung des Anteilsverhältnisses (§ 44), wird durch das Oberbergamt den aus dem Grundbuch ersichtlichen Hypothekengläubigern und anderen Realberechtigten, sofern deren ausdrückliches Einverständnis mit dem Anteilsverhältnisse nicht beigebracht ist, unter Verweisung auf diesen und die beiden folgenden Paragraphen bekannt gemacht.

(2) Außerdem erfolgt diese Bekanntmachung durch das Amtsblatt der Regierung, in deren Bezirk das Bergwerk liegt.

§ 46

(1) Hypothekengläubiger und andere Realberechtigte ..., die durch die Bestimmung des Anteilsverhältnisses (§ 44) an ihren Rechten verkürzt zu sein glauben, sind befugt, gegen diese Bestimmung Einspruch zu erheben.

(2) Dieses Einspruchsrecht muß binnen drei Monaten nach Ablauf des Tages, an welchem die Bekanntmachung zugestellt beziehungsweise das die Bekanntmachung enthaltende Amtsblatt ausgegeben worden ist (§ 45), durch Klage vor den ordentlichen Gerichten geltend gemacht werden.

(3) Wer von dieser Frist keinen Gebrauch macht, verliert sein Einspruchsrecht.

§ 47

(1) Statt diese Klage zu erheben, können die vorbezeichneten Gläubiger und anderen Realberechtigten ihre Befriedigung vor der Verfallszeit verlangen, soweit dies die Natur des gesicherten Anspruchs gestattet.

(2) Dieses Recht muß jedoch ebenfalls zur Vermeidung seines Verlustes innerhalb der im § 46 bestimmten Frist geltend gemacht werden.

§ 48

Mit der Bestätigung der Konsolidation (§ 49) geht das Realrecht ohne weiteres auf den entsprechenden, nach Maßgabe der vorstehenden Bestimmungen (§§ 44 bis 46) festgestellten Anteil an dem konsolidierten Bergwerk über.

§ 49

(1) Sind Hypothekengläubiger und andere Realberechtigte ... nicht vorhanden oder ist in den Fällen des § 43 die dort bezeichnete Vereinbarung beigebracht oder sind in den Fällen des § 44 Einsprüche nicht erhoben oder die erhobenen Einsprüche (§§ 46, 47) erledigt, so entscheidet das Oberbergamt über die Bestätigung der Konsolidation.

(2) Die Bestätigung darf nur versagt werden, wenn die Felder der einzelnen Bergwerke nicht aneinander grenzen oder wenn Gründe des öffentlichen Interesses entgegenstehen.

(3) Der Bestätigungsurkunde werden die Verleihungsurkunden der einzelnen Bergwerke beigefügt.

(4) Hinsichtlich der Beglaubigung, Aushändigung und Aufbewahrung der Risse finden die Bestimmungen des § 33 Anwendung.

Dritter Titel

Von dem Bergwerkseigentum

Erster Abschnitt

Von dem Bergwerkseigentum im allgemeinen

§ 50

(1) Das Bergwerkseigentum wird durch die Verleihung begründet sowie durch Konsolidation, Teilung von Grubenfeldern oder Austausch von Feldesteilen erworben.

(2) Für das Bergwerkseigentum und das auf Grund des § 38c Abs. 1 begründete Gewinnungsrecht gelten die sich auf Grundstücke beziehenden Vorschriften des Bürgerlichen Gesetzbuchs, soweit sich aus diesem Gesetze nichts anderes ergibt.

(3) Mit der gleichen Beschränkung finden die für den Erwerb des Eigentums und die Ansprüche aus dem Eigentum an Grundstücken geltenden Vorschriften auf das Bergwerkseigentum und das auf Grund des § 38c Abs. 1 begründete Gewinnungsrecht entsprechende Anwendung.

(4) Die für selbständige Gerechtigkeiten geltenden Vorschriften der Art. 22, 28 des Ausführungsgesetzes zur Grundbuchordnung vom 26. September 1899, der Art. 15 bis 22 des Ausführungsgesetzes zum Reichsgesetz über die Zwangsversteigerung und Zwangsverwaltung vom 23. September 1899 und des Art. 76 des Preußischen Gesetzes über die freiwillige Gerichtsbarkeit vom 21. September 1899 finden auf das nach § 38c Abs. 1 begründete Gewinnungsrecht Anwendung.

(5) Bei der Bestellung eines Gewinnungsrechts ist für dieses ein besonderes Grundbuchblatt anzulegen. Die Anlegung wird auf dem Grundbuchblatte des Bergwerks vermerkt.

§ 51

(1) Die reale Teilung des Feldes eines Bergwerks in selbständige Felder sowie der Austausch von Feldesteilen zwischen angrenzenden Bergwerken unterliegt der Bestätigung des Oberbergamts.

(2) Dieselbe darf nur versagt werden, wenn überwiegende Gründe des öffentlichen Interesses entgegenstehen.

(3) Hypothekengläubiger und andere Realberechtigte ..., die durch die Feldesteilung oder durch den Feldesaustausch in ihren Rechten beeinträchtigt zu sein glauben, können ihre Befriedigung vor der Verfallzeit verlangen, soweit dies die Natur des versicherten Anspruchs gestattet. Dieses Recht muß zur Vermeidung seines Verlustes innerhalb der im § 46 bestimmten Frist geltend gemacht werden. Die Bestätigung wird unter Beobachtung des Verfahrens erteilt, welches sich aus der Anwendung der §§ 42, 45 und 49 auf die vorstehenden Fälle ergibt.

(4) Bei dem Austausch von Feldesteilen geht das Recht der erwähnten Gläubiger und anderen Realberechtigten mit der Bestätigung der Bergbehörde

ohne weiteres auf den zu dem belasteten Bergwerke hinzutretenden Feldesteil über, wogegen der abgetretene Feldesteil von der dinglichen Belastung befreit wird.

§§ 52, 53

(aufgehoben)

§ 54

(1) Der Bergwerkseigentümer hat die ausschließliche Befugnis, nach den Bestimmungen dieses Gesetzes das in der Verleihungsurkunde benannte Mineral in seinem Felde aufzusuchen und zu gewinnen sowie alle hierzu erforderlichen Vorrichtungen unter und über Tage zu treffen.

(2) Diese Befugnis erstreckt sich auch auf die innerhalb des Feldes befindlichen Halden eines früheren Bergbaus.

§ 55

(1) Auf Mineralien, die mit dem in der Verleihungsurkunde benannten Mineral innerhalb der Grenzen des Feldes in einem solchen Zusammenhange vorkommen, daß dieselben nach der Entscheidung des Oberbergamts aus bergtechnischen oder bergaufsichtlichen Gründen gemeinschaftlich gewonnen werden müssen, hat der Bergwerkseigentümer in seinem Felde vor jedem Dritten ein Vorrecht zum Muten.

(2) Legt ein Dritter auf solche Mineralien Mutung ein, so wird dieselbe dem Bergwerkseigentümer mitgeteilt. Letzterer muß alsdann binnen vier Wochen nach Ablauf des Tages dieser Mitteilung Mutung einlegen, widrigenfalls sein Vorrecht erlischt.

(3) Auf andere Mineralien, die nicht in dem vorbezeichneten Zusammenhange vorkommen, hat der Bergwerkseigentümer kein Vorrecht.

§ 56

(1) Steht das Recht zur Gewinnung verschiedener Mineralien innerhalb derselben Feldesgrenzen verschiedenen Bergwerkseigentümern zu, so hat jeder Teil das Recht, bei einer planmäßigen Gewinnung seines Minerals auch dasjenige des andern Teils insoweit mit zu gewinnen, als diese Mineralien nach der Entscheidung des Oberbergamts aus den im § 55 angegebenen Gründen nicht getrennt gewonnen werden können.

(2) Die mitgewonnenen, dem anderen Teile zustehenden Mineralien müssen jedoch diesem auf sein Verlangen gegen Erstattung der Gewinnungs- und Förderungskosten herausgegeben werden.

§ 57

(1) Der Bergwerkseigentümer ist befugt, die durch den Betrieb des Bergwerks gewonnenen, nicht in § 1 aufgeführten Mineralien zu Zwecken seines Betriebes ohne Entschädigung des Grundeigentümers zu verwenden.

(2) Soweit diese Verwendung nicht erfolgt, ist der Bergwerkseigentümer verpflichtet, die bezeichneten Mineralien dem Grundeigentümer auf sein Verlangen gegen Erstattung des Gewinnungs- und Förderungskosten herauszugeben.

§ 58

Dem Bergwerkeigentümer steht die Befugnis zu, die zur Aufbereitung seiner Bergwerkserzeugnisse erforderlichen Anstalten zu errichten und zu betreiben.

§ 59

(1) Dampfkessel und Triebwerke für alle der Aufsicht der Bergbehörden unterstehenden Betriebe unterliegen den Vorschriften der Gewerbegesetze.

(2) Sofern zur Errichtung oder Veränderung dieser Dampfkessel und Triebwerke nach den Vorschriften der Gewerbegesetze eine besondere ordnungsbehördliche Genehmigung erforderlich ist, tritt jedoch an die Stelle der örtlichen Ordnungsbehörde das Bergamt und an die Stelle der sonst zuständigen Genehmigungsbehörde das Oberbergamt.

§ 60

(1) Der Bergwerkseigentümer ist befugt, im freien Felde Hilfsbaue anzulegen.

(2) Dieselbe Befugnis steht ihm im Felde anderer Bergwerkseigentümer zu, sofern die Hilfsbaue die Wasser- und Wetterlösung oder den vorteilhafteren Betrieb des Bergwerks, für das die Anlage gemacht werden soll, bezwecken und der eigene Bergbau des anderen dadurch weder gestört noch gefährdet wird.

(3) Der Hilfsbau gilt als Bestandteil des berechtigten Bergwerks oder, wenn die Eigentümer mehrerer Bergwerke sich zur gemeinschaftlichen Anlage eines Hilfsbaues vereinigt und keine anderweitige Vereinbarung getroffen haben, als Bestandteil der berechtigten Bergwerke. Er bedarf, wenn der Hilfsbauberechtigte den Besitz erlangt hat, zur Wirksamkeit gegenüber dem öffentlichen Glauben des Grundbuchs nicht der Eintragung in das Grundbuch.

§ 61

Bestreitet der Bergwerkseigentümer, in dessen Felde ein Hilfsbau angelegt werden soll, seine Verpflichtung zur Gestattung desselben, o entscheidet hierüber das Oberbergamt . . .

§ 62

Wird ein Hilfsbau in dem Felde eines anderen Bergwerkseigentümers angelegt, so muß der Hilfsbauberechtigte für allen Schaden, welcher dem belasteten Bergwerke durch seine Anlage zugefügt wird, vollständige Entschädigung leisten.

§ 63

(1) Die bei Ausführung eines Hilfsbaues im freien Felde gewonnenen

Mineralien (§ 1) werden als Teil der Förderung des durch den Hilfsbau zu lösenden Bergwerks behandelt.

(2) Werden bei Ausführung eines Hilfsbaues im Felde eines anderen Bergwerkseigentümers Mineralien gewonnen, auf die der letztere berechtigt ist, so müssen diese Mineralien demselben auf sein Verlangen unentgeltlich herausgegeben werden.

§ 64

Der Bergwerkseigentümer hat die Befugnis, die Abtretung des zu seinen bergbaulichen Zwecken (§§ 54 bis 60) erforderlichen Grund und Bodens nach näherer Vorschrift des fünften Titels zu verlangen.

Zweiter Abschnitt

Von dem Betriebe und der Verwaltung

§ 65

(1) (gegenstandslos)

(2) Das Oberbergamt kann den Bergwerkseigentümer nach dessen Vernehmung zur Inbetriebsetzung des Bergwerks oder zur Fortsetzung des unterbrochenen Betriebes binnen einer Frist von sechs Monaten auffordern und für den Fall der Nichtbefolgung dieser Aufforderung die Entziehung des Bergwerkseigentums nach Maßgabe des sechsten Titels androhen.

§ 66

Der Bergwerksbesitzer ist verpflichtet, der Bergbehörde von der beabsichtigten Inbetriebsetzung des Bergwerks mindestens vier Wochen vorher Anzeige zu machen.

§ 67

(1) Der Betrieb darf nur auf Grund eines Betriebsplans geführt werden.

(2) Auf Verlangen der Bergbehörde hat der Bergwerksbesitzer Sonderbetriebspläne für bestimmte Arbeiten oder Zeiträume aufzustellen und vorzulegen. Für Arbeiten, die von mehreren Bergwerksbesitzern nach einheitlichen Gesichtspunkten durchgeführt werden sollen, ist den beteiligten Bergwerksbesitzern die Aufstellung und Vorlegung eines gemeinsamen Betriebsplans aufzugeben.

(3) Der Betriebsplan unterliegt der Prüfung durch die Bergbehörde; er muß ihr zu diesem Zwecke vor der Ausführung vorgelegt werden.

(4) Die Prüfung hat sich auf die im § 196 festgestellten Gesichtspunkte zu beschränken.

Im Saarland:

§ 67

(1) Der Betrieb darf nur auf Grund eines Betriebsplanes geführt werden. Auf Verlangen der Bergbehörde sind für bestimmte Arbeiten

oder Zeiträume Rahmenbetriebspläne oder Sonderbetriebspläne aufzustellen.[1]

(2) Betriebspläne unterliegen der Prüfung durch die Bergbehörde; sie müssen ihr zu diesem Zwecke vor ihrer Ausführung vorgelegt werden.

(3) Die Prüfung hat sich auf die in § 196 festgestellten polizeilichen Gesichtspunkte sowie auf die ordnungsgemäße Abgrenzung der Aufgaben und Befugnisse der nach den §§ 73 und 74 für die Ausführung des Betriebsplans verantwortlichen Personen zu erstrecken.[2]

1. Nach dem nordrhein-westfälischen Vorbild hat das Saarland durch das Zweite Änderungsgesetz v. 5. 7. 1967 der Bergbehörde gesetzlich die Möglichkeit geschaffen, für bestimmte Arbeiten oder Zeiträume die Vorlage von „Sonderbetriebsplänen" zu verlangen (vgl. dazu die Bemerkungen auf S. 133 des Hauptbandes). Darüber hinaus kann die Aufstellung von „Rahmenbetriebsplänen" gefordert werden. Sie sollen nach der Gesetzesbegründung die Planungen des Bergwerksunternehmers auf weite Sicht wiedergeben, ohne auf Einzelheiten einzugehen. Sie können vor allem dann notwendig sein, wenn Bergbauplanungen mit anderen Dienststellen abgestimmt werden müssen.

In **Nordrhein-Westfalen** sind inzwischen durch RdErl. d. Ministers für Wirtschaft, Mittelstand und Verkehr v. 9. 2. 1966 (MBl. NW. S. 1003) einheitlich folgende Bezeichnungen für die einzelnen Betriebsplanarten eingeführt worden:

1. *Hauptbetriebspläne* bilden die Grundlage des Bergwerksbetriebes; sie sollen in der Regel für die Dauer von zwei Jahren aufgestellt werden und einen Überblick über die in diesem Zeitraum geplanten Arbeiten und Anlagen vermitteln.
2. In *Einzelbetriebsplänen* sollen insbesondere die regelmäßig wiederkehrenden Betriebsvorgänge im Rahmen des Hauptbetriebsplanes ausführlich dargestellt werden.
3. In *Sonderbetriebsplänen* werden besondere Arbeiten und Anlagen behandelt, die sich für die Aufnahme in den Hauptbetriebsplan oder in einen Einzelbetriebsplan nicht eignen.
4. *Rahmenbetriebspläne* werden für die Neuerrichtung eines Bergwerkes oder wesentlicher Betriebsteile aufgestellt; sie sollen insbesondere eine Prüfung in planerischer Hinsicht ermöglichen.
5. *Abschlußbetriebspläne* sind bei Stillegung eines Bergwerkes oder wesentlicher Betriebsteile vorzulegen; sie müssen insbesondere die zum Schutz der Allgemeinheit gegen schädliche Auswirkungen des Bergwerksbetriebes vorgesehenen Maßnahmen erkennen lassen.
6. *Nachtragsbetriebspläne* enthalten spätere Änderungen oder Ergänzungen der vorgenannten Betriebspläne.

2. Die Prüfung der Betriebspläne ist im Saarland auf die ordnungsgemäße Abgrenzung der Aufgaben und Befugnisse der Aufsichtspersonen ausgedehnt worden. In der Regierungsvorlage war sogar vorgesehen, daß die Betriebsplanprüfung sich auch auf die Zuverlässigkeit und Fachkunde der für die Ausführung des Betriebsplanes verantwortlichen Personen erstrecken sollte. Diese weitgehende Forderung wurde jedoch fallen gelassen, weil sie in Widerspruch zu der mit der Gesetzesänderung angestrebten Übertragung der Verantwortung für die Qualifikation der Aufsichtspersonen auf den Bergwerksbesitzer stand.

Die durch das saarländische Änderungsgesetz in § 67 Abs. 3 getroffene Regelung kann sinnvollerweise nur so verstanden werden, daß der Bergwerksbesitzer im Betriebsplanverfahren die Geschäftsbereiche der Aufsichtspersonen etwa in der Form eines Organisationsplanes angibt, nicht dagegen die Namen dieser Personen im einzelnen. Zum Inhalt eines Betriebsplanes gehören nämlich grundsätzlich nur Arbeiten, Anlagen und Einrichtungen; die Namhaftmachung der für die Betriebsaufsicht bestellten Personen und ihre Abberufung vollzieht sich außerhalb des Betriebsplanverfahrens nach Maßgabe des § 75 Abs. 3.

§ 68

(1) Erhebt die Bergbehörde nicht binnen vierzehn Tagen nach Vorlegung des Betriebsplans Einspruch gegen denselben, so ist der Bergwerksbesitzer zur Ausführung befugt.

(2) Wird dagegen innerhalb dieser Frist Einspruch von der Bergbehörde erhoben, so hat diese dem Bergwerksbesitzer Gelegenheit zur Erörterung ihrer Beanstandungen zu geben.

(3) Sieht der Betriebsplan Maßnahmen vor, die auch den Geschäftsbereich anderer Behörden berühren, so hat die Bergbehörde stets Einspruch gegen den Betriebsplan einzulegen und für ihre Entscheidung das Einvernehmen mit der jeweils zuständigen Fachaufsichtsbehörde herbeizuführen. Wird ein Einvernehmen in einem Zeitraum von drei Monaten nach Einlegung des Einspruchs nicht erzielt, so entscheidet die Bergbehörde nach eigenem Ermessen.

(4) Sofern keine Verständigung mit dem Bergwerksbesitzer erzielt wird, hat die Bergbehörde[1] diejenigen Änderungen, Bedingungen und Auflagen festzusetzen, ohne die der Betriebsplan nicht ausgeführt werden darf.

(5) Die Bergbehörde[1] kann die Zulassung des Betriebsplanes von der Leistung einer Sicherheit abhängig machen, soweit diese erforderlich ist, um die Erfüllung von Änderungen, Bedingungen und Auflagen nach Absatz 4 oder von sonstigen sich aus dem vorgesehenen Betrieb ergebenden öffentlich-rechtlichen Pflichten zu sichern.[2] Auf die Sicherheitsleistungen finden die §§ 232, 234 bis 240 des Bürgerlichen Gesetzbuches entsprechende Anwendung.[3] Über die Verwaltung, Verwendung und Rückgabe der Sicherheit entscheidet die Bergbehörde.[4]

(6) Kann der Betriebsplan auch nicht mit Änderungen, Bedingungen oder Auflagen zugelassen werden, so untersagt die Bergbehörde seine Ausführung.[5]

Im Saarland:

(2) Wird dagegen innerhalb dieser Frist von der Bergbehörde Einspruch gegen den Betriebsplan erhoben, so hat diese dem Bergwerksbesitzer Gelegenheit zur Erörterung der Beanstandungen und zur Abänderung des vorgelegten Betriebsplanes zu geben.

(3) Wird bei dieser Erörterung keine Verständigung mit dem Bergwerksbesitzer erzielt, so entscheidet das Oberbergamt durch Beschluß, ob oder mit welchen Änderungen, Auflagen und Bedingungen der Betriebsplan ausgeführt werden darf.

(4) Die Bergbehörde und im Falle des Absatzes 3 auch das Oberbergamt kann die Zulassung eines Betriebsplanes von der Leistung einer Sicherheit durch den Bergwerksbesitzer abhängig machen, wenn die Durchführung der von der Bergbehörde gemäß § 196 für notwendig angesehenen Maßnahmen, insbesondere zur Sicherung und Ordnung der

Oberflächennutzung nach dem Abbau im Hinblick auf die Zuverlässigkeit und Wirtschaftskraft des Bergwerksbesitzers nicht gewährleistet ist.[2]

1. a) Gemäß § 189 Abs. 1 ABG ist unter „Bergbehörde" das Bergamt zu verstehen.

b) Durch das 4. Bergrechtsänderungsgesetz ist die Durchführung des Betriebsplanverfahrens uneingeschränkt dem Bergamt übertragen worden. Nach bisherigem Recht mußte der Betriebsplan dem Oberbergamt zur Entscheidung vorgelegt werden, wenn das Bergamt über die von ihm für erforderlich gehaltenen Änderungen eines Betriebsplanes mit dem Bergwerksbesitzer keine Verständigung erzielen konnte. Dieses Verfahren erschien dem Gesetzgeber zu umständlich und zeitraubend; es erschwerte im übrigen eine klare Abgrenzung der Verantwortlichkeit für die Zulassung von Betriebsplänen zwischen Bergamt und Oberbergamt.

c) An dem bewährten Betriebsplanverfahren als solchen hat das 4. Änderungsgesetz bewußt festgehalten. Es bleibt also dabei, daß ein Betriebsplan, gegen den das Bergamt nicht innerhalb von zwei Wochen nach der Vorlegung Einspruch erhoben hat, gemäß § 68 Abs. 1 vom Bergwerksbesitzer ausgeführt werden darf. Um diese Wartefrist abzukürzen, kann das Bergamt dem Bergwerksbesitzer auch bereits vor Ablauf der zwei Wochen mitteilen, daß kein Einspruch erhoben wird und der Betriebsplan daher durchgeführt werden darf. — Es bleibt ferner dabei, daß das Bergamt dem Bergwerksbesitzer nach § 68 Abs. 2 Gelegenheit zur Erörterung der gegen den Betriebsplan erhobenen Bedenken zu geben hat. In der Regel wird der Unternehmer den berechtigten Forderungen des Bergamts durch entsprechende Abänderungen oder Ergänzungen des Betriebsplanes Rechnung tragen. Das Bergamt kann dann seinen Einspruch zurückziehen. — Lediglich in den Fällen, in denen der Bergwerksbesitzer nicht bereit ist, den Wünschen des Bergamtes zu entsprechen, setzt das Bergamt durch schriftlichen Bescheid die Änderungen, Bedingungen oder Auflagen fest, ohne die der Betriebsplan nicht ausgeführt werden darf. Diese Verfügung des Bergamts kann der Bergwerksbesitzer durch Widerspruch beim Oberbergamt und anschließende Klage vor dem Verwaltungsgericht anfechten. Aus der Formulierung „ohne die der Betriebsplan nicht ausgeführt werden darf" ergibt sich, daß die vom Bergamt festgelegten Änderungen, Bedingungen oder Auflagen ein integrierender Bestandteil der Betriebsplanzulassung sind. Führt ein Bergwerksbesitzer einen Betriebsplan aus, ohne die Auflagen und Bedingungen zu erfüllen oder die Änderungen zu berücksichtigen, so arbeitet er ohne zugelassenen Betriebsplan, und das Bergamt kann den Betrieb nötigenfalls nach § 70 einstellen. Selbstverständlich müssen die Forderungen des Bergamts im Rahmen der Bergaufsicht liegen. Nach § 67 Abs. 4 hat sich nämlich die Betriebsplanprüfung auf die in § 196 festgestellten Gesichtspunkte zu beschränken.

d) Dadurch, daß den Bergämtern die Möglichkeit eingeräumt worden ist, bei der Betriebsplanzulassung Auflagen und Bedingungen zu machen, wurde eine wichtige Voraussetzung für eine Umgestaltung des bergbehördlichen Vorschriftenwesens geschaffen. Die Bergverordnungen sollten künftig von detaillierten Vorschriften über die Errichtung von Anlagen weitgehend entlastet werden. An ihrer Stelle können die Oberbergämter Verwaltungsanweisungen erlassen, die von den Bergämtern der Betriebsplanprüfung zugrunde zu legen sind und bei der Zulassung der Betriebspläne zur Geltung gebracht werden können. Hierdurch ist eine leichtere Anpassung an die schnell fortschreitende technische Entwicklung und eine bessere Berücksichtigung der besonderen Verhältnisse des einzelnen Betriebes möglich, als dies bei der Regelung technischer Einzelheiten in Bergverordnungen der Fall war.

e) Das Verfahren bei Beteiligung anderer Behörden nach § 68 Abs. 3 hat sich durch die Verlagerung der vollen Zuständigkeit auf das Bergamt nicht geändert. Ist als Fachaufsichtsbehörde etwa der Regierungspräsident zu beteiligen, so erfolgt die

Herstellung des Einvernehmens in der Regel durch das Oberbergamt als gleichgeordnete Behörde.

2. Die Möglichkeit, die Zulassung eines Betriebsplanes von der Leistung einer Sicherheit abhängig zu machen, wurde bereits in dem durch das Bergrechtsänderungsgesetz vom 25.4.1950 in Nordrhein-Westfalen eingeführten § 68 Abs. 5 erwähnt. Der Gesetzgeber ging seinerzeit aber offenbar davon aus, daß die Erhebung einer Sicherheitsleistung bei der Betriebsplanzulassung bereits nach den allgemeinen Grundsätzen des Verwaltungsrechts zulässig ist (vgl. dazu die Bemerkungen im Hauptband S. 149). Nunmehr ist im Saarland und in Nordrhein-Westfalen eine ausdrückliche Rechtsgrundlage für die Anordnung einer Sicherheitsleistung geschaffen worden. Dabei wurden zugleich die Voraussetzungen für die Erhebung einer Sicherheit festgelegt. Diese weichen zwar in den beiden Ländern im Wortlaut voneinander ab, stimmen jedoch inhaltlich überein. In jedem Falle soll die Sicherheitsleistung dazu dienen, die Erfüllung öffentlich-rechtlicher Verpflichtungen des Bergwerksbesitzers aus dem Bergwerksbetrieb sicherzustellen. Da sich die gesamte Betriebsplanprüfung gemäß § 67 Abs. 4 auf die Gesichtspunkte des § 196 zu beschränken hat, kommt auch in Nordrhein-Westfalen die Erhebung von Sicherheiten nur für solche Maßnahmen in Betracht, die nach § 196 gefordert werden können. Lediglich zur Sicherung privatrechtlicher Schadensersatzansprüche kann eine Sicherheitsleistung nicht verlangt werden. — Die saarländische Regelung enthält insofern eine Einschränkung der Möglichkeit, Sicherheiten zu erheben, als sie verlangt, daß die Durchführung der notwendigen Maßnahmen „im Hinblick auf die Zuverlässigkeit und Wirtschaftskraft des Bergwerksbesitzers nicht gewährleistet ist". Das setzt u. U. eine Wirtschaftlichkeitsprüfung des einzelnen Unternehmens voraus. In Nordrhein-Westfalen kann die Notwendigkeit der Erhebung einer Sicherheit dagegen auch aus allgemeinen Erfahrungssätzen, aus der wirtschaftlichen Gesamtsituation oder anderen Gesichtspunkten hergeleitet werden.

3. Als Sicherheiten kommen nach § 232 BGB insbesondere die Hinterlegung von Geld oder Wertpapieren, die Bestellung von Hypotheken, die Verpfändung von Forderungen oder beweglichen Sachen, u. U. auch die Stellung eines tauglichen Bürgen in Betracht. Andere als die in § 232 BGB aufgeführten Sicherheiten brauchen nicht angenommen zu werden; das Bergamt kann aber von sich aus auch sonstige geeignete Sicherheiten zulassen, z. B. Abtretung oder Verpfändung von Sparguthaben.

4. Zur Verwendung der Sicherheit führt die Bergbehörde zweckmäßigerweise das Einverständnis des Bergwerksbesitzers herbei. Ist das nicht zu erreichen, bedarf es eines vollziehbaren Verwaltungsaktes, in dem die auszuführenden Maßnahmen genau bezeichnet werden. Lehnt der Bergwerksbesitzer die Durchführung ab, so hat das Bergamt die Möglichkeit, die Maßnahmen im Wege der Ersatzvornahme (§ 59 VwVG NW) durch einen anderen ausführen zu lassen. Zur Finanzierung der Ersatzvornahme kann dann die Sicherheit verwendet werden (vgl. § 54 VwVG NW).

5. Nachdem die Zulassung von Betriebsplänen ausschließlich den Bergämtern übertragen worden ist, mußten diese folgerichtig auch für die Ablehnung der Betriebsplanzulassung zuständig werden. Deshalb ist in § 68 Abs. 6 an die Stelle des Oberbergamts das Bergamt getreten. Nach dem das Ordnungsbehördenrecht beherrschenden Grundsatz der Verhältnismäßigkeit (§ 15 OBG) hat die Behörde zur Erfüllung ihrer Aufgaben möglichst die Mittel zu wählen, die den einzelnen und die Allgemeinheit am wenigsten beeinträchtigen. Bevor das Bergamt von der den Bergwerksbesitzer besonders belastenden Möglichkeit der Untersagung der Betriebsplanausführung Gebrauch macht, hat es deshalb eingehend zu prüfen und in der Erörterung mit dem Bergwerksbesitzer zu klären, ob den Belangen des § 196 ABG nicht durch Änderungen, Bedingungen oder Auflagen genügend Rechnung getragen werden kann.

§ 69

(1) Die §§ 67 und 68 finden auch auf die späteren Abänderungen der Betriebspläne Anwendung.

(2) Werden jedoch infolge unvorhergesehener Ereignisse sofortige Abweichungen von einem Betriebsplan erforderlich, so kann der Bergwerksbesitzer oder eine von ihm hierfür bestimmte Person auf eigene Verantwortung eine Abweichung von dem Betriebsplan anordnen,[1] sofern dadurch die Sicherheit des Betriebes nicht gefährdet wird. Der Bergwerksbesitzer oder die von ihm bestimmte Person hat hiervon dem Bergamt sofort Anzeige zu machen und unverzüglich für die Vorlegung eines Nachtrags zum Betriebsplan zu sorgen.[2]

Im Saarland wurde der nordrhein-westfälische Wortlaut des Abs. 2 übernommen; es fehlen jedoch in Satz 1 die Worte „auf eigene Verantwortung".

1\. a) Die bisherige Regelung des § 69 Abs. 2 war unvollständig. Es wurde lediglich vorgeschrieben, daß der Betriebsführer bei unvorhergesehenen Abänderungen des Betriebsplanes dem Bergamt innerhalb von zwei Wochen — in NW: unverzüglich — Anzeige zu erstatten hatte. Ob und gegebenenfalls wie lange abweichend vom zugelassenen Betriebsplan gearbeitet werden durfte, wurde im Gesetz nicht gesagt.

b) Das Verfahren ist jetzt in der Weise geregelt worden, daß der Bergwerksbesitzer oder eine vom ihm hierfür bestimmte Person dann, wenn unvorhergesehene Ereignisse sofortige Abweichungen von dem zugelassenen Betriebsplan erforderlich machen, gewissermaßen anstelle des Bergamts über die Zulässigkeit der nicht durch den Betriebsplan gedeckten Arbeiten entscheiden kann. Hierbei handelt es sich um eine Ausnahmebestimmung, die eng auszulegen ist. Es wird stets zu prüfen sein, ob die Abweichung 1. unvorhersehbar, 2. notwendig und 3. so eilbedürftig ist, daß nicht vorher dem Bergamt ein Betriebsplan vorgelegt werden kann.

2\. In jedem Falle ist dem Bergamt die Abweichung „sofort" anzuzeigen, und es ist „unverzüglich" d. h. ohne schuldhaftes Zögern (§ 121 Abs. 1 BGB) für die Vorlegung eines Nachtrags zum Betriebsplan zu sorgen. Die Unterlassung kann nach § 207 als Ordnungswidrigkeit geahndet werden. Verantwortlich ist der Bergwerksbesitzer oder die von ihm ausdrücklich für diese Aufgabe „bestimmte" Person, also nicht jede Aufsichtsperson.

§ 70

Wird ein Betrieb den Vorschriften der §§ 67 bis 69 zuwider geführt, so kann die Bergbehörde nötigenfalls einen solchen Betrieb einstellen.

§ 71

(1) Will der Bergwerksbesitzer den Betrieb des Bergwerks einstellen, so hat er der Bergbehörde hiervon mindestens drei Monate vorher Anzeige zu machen.

(2) Muß der Betrieb infolge unvorhergesehener Ereignisse schon in kürzerer Frist oder sofort eingestellt werden, so ist die Anzeige unverzüglich zu erstatten.

(3) In den Fällen von Abs. 1 und 2 hat der Bergwerksbesitzer der Bergbehörde unverzüglich seinen Betriebsplan für die erforderlichen Abschlußarbeiten vorzulegen. Die §§ 67 bis 70 gelten entsprechend.

Im Saarland sind die Absätze 2 und 3 in der nordrhein-westfälischen Fassung übernommen worden.

§ 72

(1) Der Bergwerksbesitzer hat auf seine Kosten ein Grubenbild in zwei Exemplaren durch einen konzessionierten Markscheider anfertigen und regelmäßig nachtragen zu lassen.

(2) In welchen Zeitabschnitten die Nachtragung stattfinden muß, wird durch das Oberbergamt vorgeschrieben.

(3) Das eine Exemplar des Grubenbildes ist an die Bergbehörde abzuliefern, das andere auf dem Bergwerk an einem geeigneten Ort aufzubewahren.[1]

(4) Der Grundeigentümer oder derjenige, der ein Recht zum Besitz am Grundstück hat, sowie deren Bevollmächtigte können in das bei der Bergbehörde befindliche Exemplar Einsicht nehmen, wenn sie ein berechtigtes Interesse darlegen.[2] Dem Bergwerksbesitzer soll Gelegenheit gegeben werden, bei der Einsichtnahme zugegen zu sein.

Im Saarland:

(4) Die Einsicht des bei der Bergbehörde befindlichen Exemplars steht den Gemeinden und Gemeindeverbänden zu, falls sie ein öffentliches Interesse nachweisen, und demjenigen, der einen Schadenersatzanspruch (§§ 148, 149) erheben will, wenn er einen solchen Anspruch der Bergbehörde glaubhaft macht. Dem Bergwerksbesitzer soll Gelegenheit gegeben werden, bei dieser Einsichtnahme zugegen zu sein.

(5) Die Gemeinden und Gemeindeverbände sind auf ihre Anfrage durch das Oberbergamt über die langfristigen Abbauvorhaben des Bergbautreibenden und etwaige wesentliche Änderungen solcher Abbauplanungen zu unterrichten. Bei wesentlichen Änderungen der bergbaulichen Planungen, durch welche die vom Oberbergamt erteilten Auskünfte ihre Gültigkeit verlieren, hat das Oberbergamt von Amts wegen die Gemeinden und Gemeindeverbände zu unterrichten.

1. Absatz 3 wurde durch das 3. Bergrechtsänderungsgesetz im Zusammenhang mit dem Wegfall des Begriffs „Betriebsführer" neugefaßt; entsprechendes gilt im Saarland. Die Verantwortung für die Auswahl eines geeigneten Ortes für die Aufbewahrung des Werksgrubenbildes trägt der Bergwerksbesitzer.

2. a) Neufassung des Abs. 4 durch das 4. Bergrechtsänderungsgesetz. Nach der bisherigen Regelung setzte die Einsichtnahme in das Grubenbild voraus, daß der Grundbesitzer einen Bergschadensersatzanspruch erheben wollte und daß er der Bergbehörde diesen Anspruch glaubhaft machte. Nunmehr wird für die Grubenbildeinsicht, ebenso wie in § 12 Abs. 1 der Grundbuchordnung für die Einsicht in das Grundbuch, lediglich die Darlegung eines berechtigten Interesses gefordert. Ein solches Interesse ist nach der amtlichen Begründung des Gesetzes (LT-Drucks. Nr. 588 S. 8) z. B. anzuerkennen, wenn in Bergbaugebieten ein Schaden am Grundstück, an dessen Bestandteilen oder Zubehör bereits eingetreten ist, oder wenn der Grundeigentümer den Eintritt eines derartigen Schadens befürchtet. Auch eine mehrmalige Einsichtnahme kann berechtigt sein, etwa wenn seit der letzten Einsichtnahme weiterer Abbau stattgefunden hat.

b) Der Kreis der Personen, die in das amtliche Grubenbild einsehen können, ist begrenzt auf Grundstückseigentümer und Personen, die ein Recht zum Besitz am Grundstück haben, z. B. Mieter, Pächter oder Nießbraucher, sowie deren Bevollmächtigte. Personen, die kein Recht zum Besitz am Grundstück haben, z. B. Kaufinteressenten oder Hypothekengläubiger, bedürfen zur Einsichtnahme in das Grubenbild einer Vollmacht des Grundeigentümers. Die Bevollmächtigten müssen dem Bergamt ihre Vollmacht nachweisen und das berechtigte Interesse des Grundbesitzers, der sie bevollmächtigt hat, darlegen. — Im Unterschied zum Saarland hat der Gesetzgeber in Nordrhein-Westfalen das Recht der Gemeinden und Gemeindeverbände zur Grubenbildeinsicht nicht besonders erwähnt. Eine Notwendigkeit hierfür war nicht erkennbar, denn soweit die Gemeinden als Grundeigentümer ein berechtigtes Interesse an der Einsichtnahme haben, wird ihnen diese ebenso wie allen anderen Grundeigentümern gestattet; darüber hinaus kann ihnen zur Wahrnehmung öffentlicher Aufgaben im Wege der Amtshilfe die Einsicht gewährt werden, ohne daß dies ausdrücklich im Gesetz erwähnt zu werden braucht. Vgl. hierzu Gem.RdErl. d. Min. f. Wirtschaft, Mittelst. u. d. Innenmin. NW v. 31. 7. 1968 (MBl. NW. S. 1423 / SMBl. NW. 750). Der im Saarland neu hinzugefügte Absatz 5 wäre ebenfalls entbehrlich, da die Unterrichtung der Gemeinden über langfristige Abbauplanungen des Bergbaues durch die Vorschriften über die Landesplanung und die Bauleitplanung (z. B. § 2 Abs. 5, § 5 Abs. 3, § 9 Abs. 3 BBauG) sowie durch das bergrechtliche Betriebsplanverfahren gewährleistet ist.

§ 73

Dem Bergwerksbesitzer[1] obliegt die verantwortliche Leitung des Betriebes;[2] er hat insbesondere für die Sicherheit und Ordnung im Betrieb zu sorgen.[3]

Im Saarland:

§ 73

Der Bergwerksbesitzer trägt Sorge und Verantwortung für die Sicherheit und Ordnung im Betrieb.

1. Durch das 3. Bergrechtsänderungsgesetz NW v. 8. 12. 1964 und das saarländische Änderungsgesetz v. 5. 7. 1967 ist das Recht der Aufsichtspersonen im ABG (§§ 73 ff.) völlig neu gestaltet worden. Literatur hierzu: v. Schlütter, Die Aufsichtsführung in Bergwerksbetrieben und die Änderung der strafrechtlichen Vorschriften nach dem Dritten Bergrechtsänderungsgesetz Nordrhein-Westfalens, Glückauf 1965 S. 49; Krautschneider, Das Dritte Bergrechtsänderungsgesetz in Nordrhein-Westfalen, Bergfreiheit 1965 S. 84; Weller, Erläuternde Bemerkungen zum Dritten Bergrechtsänderungsgesetz in Nordrhein-Westfalen, ZfB Bd. 106 S. 437.

2. „Bergwerksbesitzer" i. S. des § 73 ist derjenige, für dessen Rechnung der Betrieb geführt wird. Zu der im ersten Halbsatz angesprochenen „verantwortlichen Leitung des Betriebes" gehören sämtliche Leitungsfunktionen, wie etwa die Planung der betrieblichen Vorhaben, die Bereitstellung der zu ihrer Durchführung notwendigen Betriebsmittel, die Erteilung von Weisungen, die Einstellung des erforderlichen und geeigneten Personals, die Regelung seiner Zusammenarbeit im Betrieb sowie die Überwachung des Betriebes und der darin Beschäftigten. Amtl. Begr. LT-Drucks. Nr. 370 S. 7. Der Bergwerksbesitzer hat also nicht nur für die technisch richtige Betriebsgestaltung zu sorgen, sondern auch die wirtschaftlichen, planerischen und organisatorischen Voraussetzungen für einen sicheren und ordnungsgemäßen Bergwerksbetrieb zu schaffen.

3. Die Sorge für Sicherheit und Ordnung im Betrieb beinhaltet die Verpflichtung, Betriebspläne einzuhalten sowie die berggesetzlichen, bergbehördlichen und sonstigen

Sicherheitsvorschriften zu befolgen. Ferner gehört dazu eine ausreichende und sachgemäße Betriebsüberwachung. Der Bergwerksbesitzer hat den Betrieb zu so gestalten, daß die Beschäftigten und Dritte vor Schäden an Leben, Gesundheit und Sachgütern geschützt sind, soweit es die Natur des Bergwerksbetriebes zuläßt. — Zur Frage der strafrechtlichen Verantwortlichkeit des Bergwerksbesitzers vgl. § 207 Anm. 2.

§ 74

(1) Der Bergwerksbesitzer hat sich, soweit erforderlich, zur Wahrnehmung seiner Aufgaben und Befugnisse anderer Personen zu bedienen.[1] Diese haben im Rahmen der ihnen übertragenen Aufgaben und Befugnisse für die Sicherheit und Ordnung im Betrieb zu sorgen.[2] Der Bergwerksbesitzer hat darauf zu achten, daß diese Personen die erforderliche Eignung und Zuverlässigkeit besitzen.[3]

(2) Der Bergwerksbesitzer hat für die Beaufsichtigung der von ihm bestellten Personen, für eine eindeutige und lückenlose Abgrenzung ihrer Aufgaben und Befugnisse sowie für eine geordnete Zusammenarbeit zu sorgen.[4]

(3) Haben die nach Absatz 1 bestellten Personen nach ihren Aufgaben und Befugnissen andere Personen im Sinne des Absatzes 1 Satz 1 zu bestellen oder zu beaufsichtigen, so gelten für diese die Absätze 1 und 2 entsprechend.[5]

(4) Die sonstigen Verpflichtungen des Bergwerksbesitzers aus § 73 bleiben unberührt.

Im Saarland hat § 74 die gleiche Fassung wie in Nordrhein-Westfalen erhalten; in Absatz 1 tritt jedoch an die Stelle von „Eignung" das Wort „Fachkunde".

1. a) In § 74 Abs. 1 wird dem Bergwerksbesitzer einerseits die Möglichkeit gegeben, an der Wahrnehmung seiner Aufgaben und Befugnisse nach § 73 andere Personen zu beteiligen; andererseits wird ihm vorgeschrieben, daß er „soweit erforderlich" hiervon Gebrauch machen muß. Die Notwendigkeit, andere Personen mit in die Leitung und Beaufsichtigung des Betriebes einzuschalten, liegt dann vor, wenn der Bergwerksbesitzer entweder selbst nicht die hierfür erforderlichen Voraussetzungen erfüllt oder wenn der Betrieb so groß ist, daß er nicht von einer Person allein geleitet und beaufsichtigt werden kann. Mit der Formulierung „sich bedienen" wird zum Ausdruck gebracht, daß nicht alle Rechte und Pflichten des Bergwerksbesitzers auf andere verlagert werden können, sondern daß dieser selbst für die Sicherheit und Ordnung im Betrieb verantwortlich bleibt. Hieraus ergibt sich u. a., daß dann, wenn eine nach § 74 bestellte Person zum Handlungsstörer wird, gemäß § 17 Abs. 3 OBG auch der Bergwerksbesitzer ordnungspflichtig ist. OVG Münster, U. v. 3. 10. 1963, DVBl. 1964 S. 683.

b) Von einer Bestellung nach § 74 Abs. 1 kann nur dann gesprochen werden, wenn Teile der dem Bergwerksbesitzer nach § 73 obliegenden Aufsichts- und Leitungsfunktionen übertragen werden. Dazu gehört in der Regel, daß die bestellte Person ihrerseits andere Personen zu beaufsichtigen hat. Wird ein im Betrieb Beschäftigter lediglich mit bestimmten Arbeiten beauftragt, so handelt es sich nicht um eine Bestellung nach § 74, auch wenn diese Tätigkeiten etwa der Betriebsüberwachung dienen, wie z. B. die Vornahme von Messungen.

2. Die vom Bergwerksbesitzer mit Leitungsaufgaben betrauten Personen haben nach § 74 Abs. 1 Satz 2 ihrerseits im Rahmen der ihnen übertragenen Aufgaben und Befugnisse für die Sicherheit und Ordnung im Betrieb zu sorgen. Dazu gehört die Verpflichtung zur Einhaltung der Betriebspläne und zur Befolgung der berggesetzlichen und bergbehördlichen Bestimmungen.

Zur Frage der strafrechtlichen Verantwortlichkeit der nach § 74 bestellten Personen für die Verpflichtungen, die gesetzlich dem Bergwerksbesitzer obliegen, s. § 10 Abs. 2 des Gesetzes über Ordnungswidrigkeiten (OWiG) vom 24. 5. 1968 (BGBl. I S. 481) und § 50 a StGB i. d. F. des Einführungsgesetzes zum Gesetz über Ordnungswidrigkeiten vom 24. 5. 1968 (BGBl. I S. 503). Vgl. auch § 207 Anm. 3.

3. Der Bergwerksbesitzer trägt nach § 74 Abs. 2 Satz 3 die Verantwortung für die Eignung und Zuverlässigkeit der von ihm bestellten Aufsichtspersonen. Er hat Sorge zu tragen, daß die bestellten Personen nicht nur bei der Anstellung, sondern auch während der Dauer der Beschäftigung die notwendige Eignung für die ihnen übertragenen Aufgaben besitzen. Mit dem im Gesetz verwendeten Begriff „Eignung" ist in erster Linie die fachliche Befähigung gemeint, während die „Zuverlässigkeit" sich mehr auf charakterliche Eigenschaften bezieht. Welche Maßstäbe der Bergwerksbesitzer bei Beurteilung der Fachkunde der zu bestellenden Personen anzulegen hat, ist im Gesetz nicht gesagt. Im Gegensatz zu der nordrhein-westfälischen Regelung ist im Saarland in § 75 Abs. 2 der Wirtschaftsminister ermächtigt worden, durch Rechtsverordnung die Voraussetzungen für die Bestellung von Aufsichtspersonen festzulegen.

4. Die in § 74 Abs. 2 begründete Verpflichtung zur Koordinierung der Aufsichtstätigkeit im Bergwerksbetrieb war ein wesentliches Ziel des 3. Bergrechtsänderungsgesetzes. Die Pflicht zur eindeutigen und lückenlosen Abgrenzung der Aufsichtsbereiche erstreckt sich auf alle dem Berggesetz unterliegenden Arbeiten. Sie gilt auch für die Fälle, in denen sogenannte Unternehmerfirmen im Bergbau eingesetzt werden. Der im Hauptband S. 652 abgedruckte RdErl. d. Min. f. Wirtsch. u. Verkehr NW betr. Beaufsichtigung von Unternehmerarbeiten in Bergwerksbetrieben v. 12. 4. 1961 (MBl. NW. S. 771), der zwar durch die Gesetzesänderung zum Teil gegenstandslos geworden ist, kann hierbei zum Anhalt genommen werden. Inwieweit die Bestellung von Unternehmeraufsichtspersonen erforderlich wird, ist von dem Umfang und der Gefährlichkeit der Unternehmerarbeiten sowie von ihrem Zusammenhang mit dem eigentlichen Bergwerksbetrieb abhängig. Die Bestellung der Unternehmeraufsichtspersonen obliegt dem Bergwerksbesitzer. Dieser kann jedoch, wenn die Unternehmerarbeiten einen größeren Umfang haben, der obersten Unternehmeraufsichtsperson die Befugnis zur Bestellung weiterer Personen übertragen. Der Bergwerksbesitzer hat die Unternehmerfirma über die besonderen Gefahren des Bergwerksbetriebes sowie über die bergbehördlichen Sondervorschriften zu unterrichten. Er muß ferner für eine eindeutige Abgrenzung der Geschäftsbereiche der Unternehmeraufsichtspersonen und der eigenen Aufsichtspersonen sorgen. Die Unternehmerfirma hat dem Bergwerksbesitzer die von ihr vorgesehenen Aufsichtspersonen namhaft zu machen und trägt die Verantwortung für deren Eignung und Zuverlässigkeit.

5. Der Bergwerksbesitzer kann die Befugnis zur Bestellung weiterer Aufsichtspersonen auf andere Personen nach § 74 Abs. 3 delegieren. Diese haben dann für ihren Zuständigkeitsbereich die gleichen Überwachungs- und Koordinierungsaufgaben wie der Bergwerksbesitzer. Für diejenigen Leitungsfunktionen, die nicht nach § 74 Abs. 1 auf andere Personen übertragen worden sind, behält der Bergwerksbesitzer selbst die volle Verantwortung. Dies wird in § 74 Abs. 4 noch besonders zum Ausdruck gebracht. Der Bergwerksbesitzer ist verpflichtet, die nach den betrieblichen Verhältnissen erforderliche Anzahl von Aufsichtspersonen zu bestellen. Das Bergamt kann ihn nötigenfalls durch eine auf § 74 Abs. 1 gestützte Ordnungsverfügung zur Erfüllung dieser Verpflichtung auffordern.

§ 75

(1) Die Bestellung nach § 74 muß schriftlich und unter genauer Bezeichnung der übertragenen Aufgaben und Befugnisse vorgenommen werden; auch die Abberufung muß schriftlich erklärt werden.[1]

(2) Der Bergwerksbesitzer hat die bestellten Personen dem Bergamt unter Angabe ihrer Stellung im Betrieb und ihrer Vorbildung unverzüglich namhaft zu machen; er hat auch ihre Abberufung dem Bergamt unverzüglich mitzuteilen.[2]

Im Saarland:

§ 75

(1) — wie oben —

(2) Der Wirtschaftsminister wird ermächtigt, durch Rechtsverordnung die Voraussetzungen für die Bestellung von Personen nach § 74 festzulegen.[3]

(3) — wie Abs. 2 nordrh.-westf. Fassung —

1. Die in § 75 Abs. 1 vorgeschriebene Schriftform für die Bestellung und Abberufung der Aufsichtspersonen dient in erster Linie dazu, den Behörden und Gerichten die Feststellung zu ermöglichen, wer für einzelne Betriebsvorgänge verantwortlich ist. Wird die Schriftform nicht gewahrt, kann sich der Vorgesetzte nicht auf eine Übertragung seiner Obliegenheiten berufen, sondern verbleibt insoweit selbst in der Verantwortung. Dasselbe gilt, wenn die übertragenen Aufgaben und Befugnisse nicht eindeutig bezeichnet werden. v. Schlütter, Glückauf 1965 S. 51.

2. Durch die Namhaftmachung soll erreicht werden, daß das Bergamt über die Art der Tätigkeit der nach § 74 bestellten Personen unterrichtet ist und weiß, mit wem es in Betriebsangelegenheiten im Einzelfall zu verhandeln hat. Zugleich soll die Mitteilung dem Bergamt die Möglichkeit geben, notfalls durch Ordnungsverfügungen einzugreifen, wenn offensichtlich zu wenig oder ungeeignete Personen bestellt werden. Durch die Anzeige wird jedoch für das Bergamt nicht die Verpflichtung begründet, die Eignung jeder einzelnen namhaft gemachten Person zu überprüfen. Es genügt eine listenmäßige Aufstellung, aus der sich in Verbindung mit einem Organisationsschema ersehen läßt, welche Tätigkeit die benannten Personen im Betrieb ausüben. Sollte das Bergamt im Einzelfalle zur Wahrnehmung der Bergaufsicht genauere Angaben über Aufsichtspersonen sowie über ihre Aufgaben und Befugnisse benötigen, als in der nach § 75 Abs. 2 vorgeschriebenen Meldung enthalten sind, so hat es die Möglichkeit, entsprechende Auskünfte auf Grund des § 77 Abs. 1 vom Bergwerksbesitzer zu verlangen.

3. In **Nordrhein-Westfalen** ist der Bergwerksbesitzer hinsichtlich der Auswahl seiner Aufsichtspersonen sowie der Beurteilung ihrer fachlichen und charakterlichen Befähigung keinen gesetzlichen oder behördlichen Regeln unterworfen. Das hat zur Folge, daß er hierfür selbst die volle Verantwortung trägt. — Dagegen hat das **Saarland** für die Bestellung von Personen nach § 74 ABG in der nachstehend abgedruckten Verordnung eine eingehende Regelung getroffen.

Verordnung über die Voraussetzungen für die Bestellung von Personen nach § 74 des Allgemeinen Berggesetzes vom 20. September 1967 (ABl. S. 778)

Auf Grund des § 75 Abs. 2 des Allgemeinen Berggesetzes — ABG — vom 24. Juni 1865 in der Fassung des Gesetzes zur Änderung des Allgemeinen Berggesetzes vom 5. Juli 1967 (Amtsbl. S. 637) wird verordnet:

§ 1

(1) Alle Personen, die Aufgaben und Befugnisse des Bergwerksbesitzers wahrnehmen und im Rahmen ihres Aufgabengebietes für die Sicherheit und Ordnung im Betrieb zu sorgen haben, gehören zu dem im Sinne von § 74 ABG zu bestellenden Personenkreis.

(2) Der Bergwerksbesitzer oder, falls er eine juristische Person ist, seine vertretungsberechtigten Organe müssen fachkundige und zuverlässige Personen für die Aufrechterhaltung der Sicherheit und Ordnung im Betrieb bestellen, wenn sie selbst nicht fachkundig sind oder der Umfang und die Größe des Betriebes es erfordern.

§ 2

Personen, deren besondere Aufgaben und Befugnisse nur in der Aufrechterhaltung der Ordnung bestehen, wie Aufseher, Ortsälteste, Partieleute, Vorarbeiter, gehören nicht zu dem Kreis der nach § 74 ABG zu bestellenden Personen und dürfen daher nicht bestellt werden. Das gilt auch für diejenigen Personen, die auf Grund von bergpolizeilichen Vorschriften oder von Dienstanweisungen besondere Aufgaben ausüben und deswegen der Bergbehörde namhaft gemacht werden müssen, wie Fördermaschinisten, Lokomotivführer, Schießberechtigte.

§ 3

(1) Die Bestellung von Personen nach § 74 ABG ist nur wirksam, wenn sie durch den Bergwerksbesitzer oder durch Personen, die vom Bergwerksbesitzer nach § 74 Abs. 1 ABG bestellt sind, ausgesprochen worden ist.

(2) Die Befugnis bestellter Personen nach § 74 ABG, andere Personen im Sinne des § 74 ABG zu bestellen, ist vom Bergwerksbesitzer in ihrem Umfang genau festzulegen.

(3) Der Bergwerksbesitzer darf die Befugnis, andere Personen im Sinne des § 74 ABG zu bestellen, nur Personen übertragen, die verantwortliche Leiter eines oder mehrerer Betriebe, nicht jedoch eines Betriebsteiles sind.

§ 4

(1) Als Nachweis der in § 74 Abs. 1 ABG geforderten Fachkunde der bestellten Personen gelten:

a) das Zeugnis über die Diplomhauptprüfung in der Fachrichtung Bergbau an einer deutschen Hochschule;

b) das Zeugnis über die Abschlußprüfung an einer deutschen Ingenieurschule für den Bergbau;

c) das Zeugnis über die Abschlußprüfung an einer deutschen Bergschule oder Fachschule für den Bergbau, jedoch für den Steinkohlenbergbau nur dann, wenn die Schule zur Ausstellung von Abschlußzeugnissen für den Steinkohlenbergbau befugt ist.

(2) Als Nachweis der Fachkunde auf einem anderen Fachgebiet als dem des Bergbaus (z. B. Maschinenbau, Elektrotechnik, Chemie, Hochbau) gilt das Zeugnis über die Abschlußprüfung für das betreffende Fachgebiet an einer deutschen wissenschaftlichen Hochschule, an einer deutschen Ingenieurschule oder an einer deutschen Fachschule.

(3) Für Personen, die für den unterirdischen Grubenbetrieb bestellt werden sollen, gilt der Nachweis gemäß Abs. 2 mit der Einschränkung, daß diese Personen außerdem auf dem Gebiet der Bergtechnik und der bergsicherheitlichen Vorschriften insoweit Kenntnisse besitzen müssen, als die ihnen zu übertragenden Aufgaben und Befugnisse dies erfordern.

(4) Als deutsche Ingenieurschulen, Bergschulen und Fachschulen im Sinne dieser Verordnung sind öffentliche Ingenieur-, Berg- und Fachschulen und solche privaten Schulen anzusehen, die den entsprechenden öffentlichen Schulen rechtlich gleichgestellt sind.

(5) Das Zeugnis über die Abschlußprüfung an einer ausländischen wissenschaftlichen Hochschule, Ingenieurschule oder Fachschule wird gleichwertig den in Abs. 1 und 2 genannten Abschlußprüfungen angesehen, sofern die Ausbildung an diesen Schulen derjenigen an entsprechenden deutschen wissenschaftlichen Hochschulen, Ingenieurschulen oder Fachschulen gleichwertig ist. Über die Gleichwertigkeit entscheidet im Zweifelsfall der Minister für Kultus, Unterrichtung und Volksbildung.

§ 5

(1) Personen, denen in Kleinbetrieben bis zu 20 Beschäftigten leitende oder untergeordnete Aufgaben und Befugnisse (Gesamt- oder Teilaufsicht) oder in einem größeren Betrieb auf der unteren Führungsebene Aufgaben und Befugnisse übertragen werden sollen (z. B. Schichtsteiger, Nebensteiger, Fahrhauer, Meister), müssen mindestens die Abschlußprüfung an einer Fachschule abgelegt haben. Soweit die Abschlußprüfung nicht für das Bergfach gilt, ist § 4 Abs. 3 zu beachten.

(2) Personen, die Aufgaben und Befugnisse auf der unteren Führungsebene als Fahrhauer, Meister oder dergleichen wahrnehmen sollen, jedoch die Voraussetzung für die Bestellung nach Absatz 1 nicht erfüllen, können im Sinne von § 74 ABG bestellt werden, wenn sie nach einem von dem Oberbergamt genehmigten Plan ausgebildet sind und die in dem Ausbildungsplan vorgeschriebene Abschlußprüfung mit Erfolg abgelegt haben. Auf die Ausbildung und Abschlußprüfung nach Satz 1 kann im Einzelfall verzichtet werden, wenn die zu bestellenden Personen als Angehörige bergbaufremder Unternehmen im Übertagebetrieb, mit Ausnahme von explosionsgefährdeten Räumen und Bereichen, Aufgaben und Befugnisse bei Bau- und Instandsetzungsarbeiten wahrnehmen sollen und über eine mindestens zehnjährige Berufserfahrung in den auszuführenden Arbeiten verfügen.

§ 6

Personen, denen in Betrieben bis zu 100 Beschäftigten leitende Aufgaben und Befugnisse oder in einem größeren Betrieb auf der mittleren Führungsebene Aufgaben und Befugnisse übertragen werden sollen (z. B. Leiter einer Betriebsabteilung, einer Fahrabteilung, des Grubenbetriebes unter oder über Tage), müssen die Abschlußprüfung an einer Ingenieurschule oder an einer wissenschaftlichen Hochschule oder die Abschlußprüfung eines Betriebsführerlehrgangs für Absolventen einer Bergschule abgelegt haben. Soweit die Abschlußprüfung nicht für das Bergfach gilt, ist § 4 Abs. 3 zu beachten.

§ 7

(1) Personen, denen auf der oberen Führungsebene eines Betriebes mit mehr als 100 Beschäftigten Aufgaben und Befugnisse übertragen werden sollen (z. B. Direktoren, Betriebsinspektoren, Betriebsleiter, Betriebsingenieure), müssen die Abschlußprüfung an einer wissenschaftlichen Hochschule abgelegt haben. Soweit die Abschlußprüfung nicht für das Bergfach gilt, ist § 4 Abs. 3 zu beachten.

(2) In Einzelfällen dürfen zur Wahrnehmung von Aufgaben und Befugnissen nach Absatz 1 Personen, welche die Abschlußprüfung an einer Ingenieurschule oder eines Betriebsführerlehrgangs für Absolventen einer Bergschule abgelegt haben, unter der Voraussetzung bestellt werden, daß sich diese Personen als Leiter größerer Betriebsteile in einem unter der Aufsicht der Bergbehörde stehenden Betrieb bewährt haben.

§ 8

Personen, die gemäß § 74 ABG bestellt werden sollen und auf Grund bergpolizeilicher Vorschriften bestimmte Aufgaben und Befugnisse wahrzunehmen haben, wie Ausbildungsleiter, Ausbildungssteiger, Brandsteiger, Explosionsschutzsteiger, Schießsteiger, Staubschutzsteiger, Wettersteiger, müssen zusätzlich zu ihrer allgemeinen Fachkunde gemäß § 4 eine Sonderausbildung für das betreffende Aufgabengebiet nach näherer Anweisung des Oberbergamts nachweisen.

§ 9

Der Nachweis der in § 74 Abs. 1 ABG geforderten Zuverlässigkeit wird erbracht durch die Vorlage eines polizeilichen Führungszeugnisses und durch das Verhalten der zu bestellenden Personen in einer anderen oder gleichartigen Stellung oder während einer Probedienstzeit in Hinblick auf die Befolgung der gesetzlichen und bergsicherheitlichen Vorschriften.

§ 10

(1) Die Abschlußprüfung an einer Bergschule, die vor dem 4. Oktober 1966 abgelegt worden ist, gilt als Nachweis der erforderlichen Fachkunde für Personen, die nach § 74 ABG als Leiter einer Betriebsabteilung bestellt werden dürfen.

(2) Die Abschlußprüfung an einer Bergschule gilt als Nachweis der erforderlichen Fachkunde für Personen, die nach § 74 ABG als Leiter größerer Betriebsteile, wie Fahrabteilungen, Grubenbetriebe unter oder über Tage, bestellt werden sollen, nur unter der Voraussetzung, daß diese Personen bereits vor dem 1. Januar 1967 in gleichartigen Stellungen nach der Fassung des § 74 Abs. 3 ABG vor Inkrafttreten des Gesetzes zur Änderung des Allgemeinen Berggesetzes vom 5. Juli 1967 (Amtsbl. S. 637) bergbehördlich anerkannt waren.

(3) In Stromversorgungs- und -verteilungsbetrieben mit zugehörigen Werkstätten, Wassergewinnungs- und -versorgungsanlagen, Kokereien, Benzolaufarbeitungsanlagen und Methananlagen sowie in den nicht zur Saarbergwerke Aktiengesellschaft gehörenden Kohlenkleinbetrieben und den Betrieben des Nichtsteinkohlenbergbaus gilt die bisherige bergbehördliche Anerkennung als Meister oder sonstige technische Aufsichtsperson als Nachweis der in § 5 Abs. 1 geforderten Fachkunde.

§ 11

Diese Verordnung tritt am 1. Januar 1968 in Kraft.

§ 76

(1) Das Oberbergamt kann dem Bergwerksbesitzer die Leitung des Betriebes untersagen, wenn Tatsachen vorliegen, die ihn ungeeignet erscheinen lassen, die Sicherheit und Ordnung im Betrieb zu gewährleisten.[1] Es kann einen Betrieb, der entgegen der Untersagung weitergeführt wird, einstellen.[2]

(2) Absatz 1 gilt auch für denjenigen, der als vertretungsberechtigtes Organ einer juristischen Person, als Mitglied eines solchen Organs oder als gesetzlicher Vertreter eines anderen handelt.[3] Satz 1 findet auch dann Anwendung, wenn die Rechtshandlung, welche die Vertretungsbefugnis begründen sollte, unwirksam ist.

(3) Liegen Tatsachen vor, die eine nach § 74 bestellte Person ungeeignet oder unzuverlässig erscheinen lassen, ihre Aufgaben zu erfüllen, so kann das Bergamt vom Bergwerksbesitzer ihre Abberufung verlangen.[4]

Im **Saarland** haben die Absätze 1 und 3 folgende Fassung:

§ 76

(1) Das Oberbergamt kann dem Bergwerksbesitzer die Leitung des Betriebes untersagen, wenn Tatsachen die Annahme rechtfertigen, daß er die erforderliche Zuverlässigkeit oder Fachkunde nicht besitzt. Es kann einen Betrieb, der entgegen der Untersagung weitergeführt wird, einstellen.

(2) — wie oben —

(3) Die Bergbehörde ist befugt, Bestellungen und Abberufungen nach § 74 zu prüfen. Liegen Tatsachen vor, die die Annahme rechtfertigen, daß eine nach § 74 bestellte Person nicht die erforderliche Zuverlässigkeit oder Fachkunde besitzt und daher ungeeignet erscheint, ihre Aufgaben zu erfüllen, so kann das Bergamt vom Bergwerksbesitzer ihre Abberufung verlangen.

1. Während im Gewerberecht allgemein die behördliche Untersagung eines Gewerbebetriebes wegen persönlicher Unzuverlässigkeit des Betriebsinhabers vorgesehen ist — vgl. § 35 GewO sowie die bei Landmann-Rohmer, Komm. z. GewO, 12. Aufl. § 35 RdNr. 7 aufgeführten Beispiele aus sonstigen Gesetzen —, bot das Berggesetz bisher der Bergbehörde keine Handhabe, den Bergwerksbetrieb aus Gründen, die in der Person des Berwerksbesitzers lagen, zu untersagen. Diese Möglichkeit ist durch den neuen § 76 geschaffen worden. Nach Abs. 1 kann das *Oberbergamt* einem Bergwerksbesitzer die Leitung des Betriebes untersagen, wenn Tatsachen vorliegen, die ihn ungeeignet erscheinen lassen, die Sicherheit und Ordnung im Betrieb zu gewährleisten. Das gilt gem. § 76 Abs. 2 auch dann, wenn es sich bei dem Bergwerksbesitzer um eine juristische Person handelt. In diesem Falle ist auf die Eignung der vertretungsberechtigten Personen abzustellen. Unter dem Begriff „Eignung" sind in diesem Zusammenhang die „Fachkunde" und „Zuverlässigkeit" zu verstehen, wie in der saarländischen Fassung deutlich gesagt wird.

2. Nach dem für die Behörde maßgebenden Grundsatz des geringstmöglichen Eingriffs in private Rechte kommt eine Untersagung und Betriebseinstellung nach § 76 Abs. 1 nur in Betracht, wenn weniger belastende Maßnahmen ohne Erfolg geblieben sind. Die Untersagungs- und Einstellungsanordnung nach § 76 Abs. 1 Satz 1 und 2

erfolgt in Form einer — unselbständigen — Ordnungsverfügung. Zuwiderhandlungen gegen eine vollziehbare Anordnung nach § 76 stellen gemäß § 207 eine Ordnungswidrigkeit dar.

3. Wegen der strafrechtlichen Verantwortlichkeit der vertretungsberechtigten Organe vgl. § 10 OWiG sowie § 209 Anm. 1.

4. Der Bergwerksbesitzer trägt zwar nach der Neuregelung selbst die Verantwortung dafür, daß die gem. § 74 bestellten Personen die erforderliche Fachkunde und Zuverlässigkeit besitzen, doch räumt das Gesetz in § 76 Abs. 3 dem *Bergamt* die Befugnis ein, die Abberufung ungeeigneter Aufsichtspersonen zu verlangen. Da die Behörde an der Bestellung dieser Personen nicht mehr beteiligt ist, kommt auch eine Aberkennung ihrer Befähigung durch einen unmittelbar an sie gerichteten behördlichen Bescheid nicht mehr in Betracht. Das Bergamt muß vielmehr durch Ordnungsverfügung an den Bergwerksbesitzer die Aufforderung richten, ungeeignete Personen abzuberufen. Leistet der Bergwerksbesitzer einer solchen Aufforderung nicht Folge, so kann er nicht nur nach § 207 mit Geldbuße belegt werden, sondern muß damit rechnen, daß er selbst von der Behörde als ungeeignet angesehen und ihm die Leitung des Betriebes nach § 76 Abs. 1 untersagt wird. Obwohl die Aufforderung zur Abberufung nur gegen den Bergwerksbesitzer gerichtet ist, erscheint es gerechtfertigt, der betroffenen Aufsichtsperson ein eigenes Anfechtungsrecht im Verwaltungsrechtsweg zuzubilligen, da ihre Rechte von der Verfügung des Bergamts betroffen werden. Vgl. Weller, ZfB Bd. 106 S. 446.

§ 77

(1) Der Bergwerksbesitzer ist verpflichtet, der Bergbehörde auf Erfordern die zur Ausübung der Bergaufsicht erforderlichen Auskünfte zu erteilen.[1]

(2) Der Bergwerksbesitzer, die nach § 74 bestellten Personen sowie der Betriebsrat sind auf Erfordern verpflichtet, die Bergbeamten, welche im Dienst das Bergwerk befahren, zu begleiten und ihnen die zur Ausübung der Bergaufsicht erforderlichen Auskünfte zu erteilen.[2]

Im Saarland hat § 77 die gleiche Fassung erhalten wie in Nordrhein-Westfalen, lediglich anstelle des Wortes „Erfordern" tritt das Wort „Verlangen".

1. § 77 ist durch das 3. Bergrechtsänderungsgesetz NW und das saarl. Gesetz zur Änderung des ABG den neugefaßten §§ 73 bis 76 angepaßt worden. Darüber hinaus wurde eine inhaltliche Straffung und Klarstellung vorgenommen. Im Vordergrund dieser Vorschrift steht jetzt nicht mehr die Pflicht der Aufsichtspersonen, die Bergbeamten bei ihren Betriebsbefahrungen zu begleiten, sondern die Verpflichtung des Bergwerksbesitzers, der Bergbehörde auf Verlangen die zur Ausübung der Bergaufsicht erforderlichen Auskünfte zu erteilen. Das kann u. U. auch für Planungen der Bergwerksbesitzer gelten, die noch nicht die Gestalt von Betriebsplänen angenommen haben.

2. Die Pflicht zur Begleitung der Bergbeamten bei ihren Befahrungen besteht nicht mehr wie früher kraft Gesetzes in jedem Falle, sondern setzt voraus, daß die Bergbehörde darum ersucht. Andererseits trifft die Verpflichtung zur Begleitung der Bergbeamten jetzt nicht mehr allein die „Aufsichtspersonen" früherer Art und den Betriebsrat, sondern auch den Bergwerksbesitzer und alle nach § 74 bestellten Personen. Nachdem die Bergämter in Nordrhein-Westfalen fachlich aufgegliedert worden sind — GeschO v. 15. 11. 1964 (MBl. NW. S. 1830) —, ist es besonders wichtig, daß den Fachbereichsleitern und ihren Sachbearbeitern auf seiten der Bergbauindustrie die entsprechenden Fachleute als Gesprächspartner zur Verfügung stehen.

§ 78

Der Bergwerksbesitzer muß den mit Fahrscheinen des Oberbergamts versehenen Personen, welche sich dem Bergfache gewidmet haben, zum Zwecke ihrer Ausbildung die Befahrung und Besichtigung des Werkes gestatten.

§ 79

Der Bergwerksbesitzer ist verpflichtet, in den dafür festgesetzten Zeiträumen und Formen der Bergbehörde die vom Minister für Wirtschaft, Mittelstand und Verkehr durch Rechtsverordnung vorgeschriebenen statistischen Nachrichten einzureichen.

Dritter Abschnitt

Von den Bergleuten und den Betriebsangestellten

§§ 80 bis 91

aufgehoben durch Art. I Nr. 4 des Vierten Gesetzes zur Änderung berggesetzlicher Vorschriften im Lande Nordrhein-Westfalen v. 11. 6. 1968 (GV. NW. S. 201), soweit sie nicht schon vorher aufgehoben oder gegenstandslos waren. Die Bestimmungen enthielten arbeitsvertragliche Regelungen, die nach Auffassung des Gesetzgebers in Nordrhein-Westfalen heute nicht mehr erforderlich sind. Die Rechtsbeziehungen zwischen Arbeitgebern und Arbeitnehmern im Bergbau richten sich nunmehr, soweit sie nicht durch Tarifverträge und Betriebsvereinbarungen geregelt sind, nach den allgemeinen Vorschriften des BGB und des sonstigen Arbeitsrechts. Besteht hinsichtlich der fristlosen Kündigung keine vertragliche Regelung, so richtet sich diese seit dem Wegfall der §§ 82, 83 AGB nach § 626 BGB. Die §§ 123, 124 GewO finden gem. § 6 Abs. 2 GewO auf das Bergwesen keine Anwendung.

Im Saarland sind in § 88 die Worte „nach Maßgabe der §§ 73 und 74" und in § 89 Nr. 4 die Worte „oder wenn ihnen durch die Bergbehörde die Befähigung zum Aufsichtsbeamten aberkannt ist" gestrichen worden.

§ 92

(aufgehoben)

§ 93

(1) Auf jedem Bergwerke ist über die dort beschäftigten Arbeiter eine Liste zu führen, welche die Vor- und Zunamen, das Geburtsjahr, den Wohnort, den Tag des Dienstantritts und der Entlassung sowie das Datum des letzten Arbeitszeugnisses enthält.

(2) Die Liste muß der Bergbehörde auf Verlangen vorgelegt werden.

§ 93a

Für die Arbeitszeit der in Steinkohlenbergwerken unter Tage beschäftigten Arbeiter gelten, unbeschadet der den Bergbehörden in den §§ 196—199 beigelegten Befugnis zum Erlasse weitergehender Anordnungen, die Vorschriften der §§ 93c und 93e.

§ 93b

(gegenstandslos)

§ 93c

(1) Für Arbeiter, die an Betriebspunkten, an denen die gewöhnliche Temperatur mehr als + 28 °C beträgt, nicht bloß vorübergehend beschäftigt werden, darf die Arbeitszeit 6 Stunden täglich nicht übersteigen.

(2) Als gewöhnliche Temperatur gilt diejenige Temperatur, die der Betriebspunkt bei regelmäßiger Belegung und Bewetterung hat.

§ 93d

(1) Es darf nicht gestattet werden, an Betriebspunkten, an denen die gewöhnliche Temperatur mehr als + 28 °C beträgt, Über- oder Nebenschichten zu verfahren.

(2) (gegenstandslos)

§ 93e

Auf jedem Bergwerke müssen Einrichtungen vorhanden sein, die die Feststellung der Zahl und Dauer der von den einzelnen Arbeitern in den letzten zwölf Monaten verfahrenen Über- und Nebenschichten ermöglichen.

Vierter Titel

Von den Rechtsverhältnissen der Mitbeteiligten eines Bergwerks

§ 94

(1) Zwei oder mehr Mitbeteiligte eines Bergwerks können eine Gewerkschaft bilden.

(2) Die Errichtung erfolgt durch Abschluß eines gerichtlich oder notariell zu beurkundenden Vertrages (Gründungsvertrag), der ein die Verfassung der Gewerkschaft regelndes Statut (Satzung) enthält. Aus dem Statut muß sich Sitz und Zweck der Gewerkschaft ergeben. Der Gewerkschaftszweck darf nicht überwiegend bergbaufremd sein.

(3) Der Gründungsvertrag bedarf der Bestätigung des Oberbergamts. Mit der Aushändigung der Bestätigungsurkunde entsteht die Gewerkschaft; gleichzeitig geht das Eigentum an dem Bergwerk auf sie über. Vor der Aushändigung der Bestätigungsurkunde besteht die Gewerkschaft als solche nicht. Wird vor der Aushändigung der Bestätigungsurkunde im Namen der Gewerkschaft

gehandelt, so haftet der Handelnde persönlich; handeln mehrere, so haften sie als Gesamtschuldner. Übernimmt die Gewerkschaft eine vor der Aushändigung der Bestätigungsurkunde in ihrem Namen eingegangene Verpflichtung durch Vertrag mit dem Schuldner in der Weise, daß sie an die Stelle des bisherigen Schuldners tritt, so bedarf es zur Wirksamkeit der Schuldübernahme der Zustimmung des Gläubigers nicht, wenn die Schuldübernahme binnen drei Monaten nach Aushändigung der Bestätigungsurkunde vereinbart und dem Gläubiger von der Gewerkschaft oder dem Schuldner mitgeteilt wird.

(4) Änderungen des Statuts sind gerichtlich oder notariell zu beurkunden. Sie bedürfen der Zustimmung von wenigstens drei Vierteilen aller Anteile und der Bestätigung des Oberbergamts.

(5) Die Bestimmungen der §§ 95—110, 114 Abs. 2 und 123—128 dürfen durch das Statut nicht abgeändert werden.

(6) Die Gewerkschaft soll durch Beschluß des Oberbergamts aufgelöst werden, wenn sie fortgesetzt überwiegend bergbaufremde Geschäfte betreibt. Die Gewerkschaft ist abzuwickeln; die Fortsetzung der aufgelösten Gewerkschaft ist ausgeschlossen.

§ 95

Die Gewerkschaft führt den Namen des Bergwerks, sofern sie nicht in dem Statut einen anderen Namen gewählt hat.

§ 96

(1) Die Gewerkschaft kann unter ihrem Namen Rechte erwerben und Verbindlichkeiten eingehen, Eigentum und andere dingliche Rechte an Bergwerken und Grundstücken erwerben, vor Gericht klagen und verklagt werden.

(2) (gegenstandslos)

§ 97

Das Bergwerk wird, soweit die Einrichtung des Grundbuchwesens dies gestattet, auf den Namen der Gewerkschaft in das Grundbuch eingetragen.

§ 98

Das Bergwerk kann nur von der Gewerkschaft und nur als Ganzes mit Hypotheken und dinglichen Lasten beschwert werden.

§ 99

Für die Verbindlichkeiten der Gewerkschaft haftet nur das Vermögen derselben.

§ 100

Durch das Ausscheiden einzelner Mitglieder — Gewerken — wird die Gewerkschaft nicht aufgelöst. Auch können einzelne Gewerken nicht auf Teilung klagen.

§ 101

(1) Die Zahl der gewerkschaftlichen Anteile — Kuxe — beträgt hundert.

(2) Durch das Statut kann die Zahl auf tausend oder auf ein Vielfaches von tausend, höchstens jedoch auf zehntausend bestimmt werden.

(3) Die Kuxe sind unteilbar. Sie gehören zum beweglichen Vermögen.

§ 102

(1) Die Gewerken nehmen nach dem Verhältnis ihrer Kuxe an dem Gewinne und Verluste teil.

(2) Sie sind verpflichtet, die Beiträge, welche zur Erfüllung der Schuldverbindlichkeiten der Gewerkschaft und zum Betriebe erforderlich sind, nach Verhältnis ihrer Kuxe zu zahlen (§§ 129, 130).

§ 103

(1) Über sämtliche Mitglieder der Gewerkschaft und deren Kuxe wird von der Gewerkschaft ein Verzeichnis — das Gewerkenbuch — geführt. Auf Grund desselben wird jedem Gewerken auf Verlangen ein Anteilschein — Kuxschein — ausgefertigt.

(2) Die Kuxscheine sind nach Wahl des Gewerken über die einzelnen Kuxe oder über eine Mehrheit derselben auszustellen.

(3) Die Kuxscheine dürfen nur auf einen bestimmten Namen, niemals auf den Inhaber lauten.

(4) Die Erneuerung eines Kuxscheines ist nur gegen Rückgabe oder nach Kraftloserklärung desselben zulässig.

§ 104

(1) Die Kuxe können ohne Einwilligung der Mitgewerken auf andere Personen übertragen werden.

(2) (gegenstandslos)

§ 105

(1) Zur Übertragung der Kuxe ist die schriftliche Form erforderlich.

(2) Der Übertragende ist zur Aushändigung des Kuxscheins und, wenn dieser verloren ist, zur Beschaffung der Kraftloserklärung auf seine Kosten verpflichtet.

(3) Die Umschreibung im Gewerkenbuche darf nur auf Grund der Übertragungsurkunde und gegen Vorlegung des Kuxscheins oder der Kraftloserklärung erfolgen.

§ 106

Wer im Gewerkenbuche als Eigentümer der Kuxe verzeichnet ist, wird der Gewerkschaft gegenüber bei Ausübung seiner Rechte als solcher angesehen.

§ 107

Bei freiwilligen Veräußerungen von Kuxen bleibt ihr bisheriger Eigentümer der Gewerkschaft für die Beiträge (§ 102) verpflichtet, deren Erhebung die

Gewerkschaft beschlossen hat, bevor die Umschreibung der Kuxe im Gewerkenbuch gemäß § 105 beantragt ist.

§ 108

Die Verpfändung der Kuxe geschieht durch Übergabe des Kuxscheins auf Grund eines schriftlichen Vertrages.

§§ 109, 110

(gegenstandslos)

§ 111

(1) Die Gewerken fassen ihre Beschlüsse in Gewerkenversammlungen.

(2) Das Stimmrecht wird nach Kuxen, nicht nach Personen ausgeübt.

§ 112

(1) Zur Gültigkeit eines Beschlusses ist erforderlich, daß alle Gewerken anwesend oder unter Angabe des zu verhandelnden Gegenstandes zu einer Versammlung eingeladen waren.

(2) Einladungen durch die Post erfolgen durch Postzustellungsurkunde.

(3) Gewerken, welche im Auslande wohnen, haben zur Empfangnahme der Einladungen einen Bevollmächtigten im Inlande zu bestellen. Ist dies nicht geschehen, so reicht ein vierzehntägiger Aushang im Bergamt aus.

(4) Dasselbe gilt bei Gewerken, deren Wohnort unbekannt ist.

§ 113

(1) Die Beschlüsse werden in der beschlußfähigen Gewerkenversammlung mit einfacher Stimmenmehrheit gefaßt.

(2) Beschlußfähig ist die erste Versammlung, wenn die Mehrheit aller Kuxe vertreten ist.

(3) Ist die Mehrheit aller Kuxe nicht vertreten, so sind sämtliche Gewerken zu einer zweiten Versammlung einzuladen.

(4) Die zweite Versammlung ist ohne Rücksicht auf die Zahl der vertretenen Kuxe beschlußfähig. Diese Folge muß in der Einladung angegeben werden.

(5) Über jede Gewerkenversammlung ist eine Niederschrift aufzunehmen.

§ 114

(1) Eine Mehrheit von mindestens drei Vierteln aller Kuxe ist erforderlich zu Beschlüssen, durch welche über den Gegenstand der Verleihung — Substanz des Bergwerks — ganz oder teilweise verfügt werden soll. Dies gilt insbesondere von den Fällen des Verkaufes, des Tausches, der Verpfändung oder der sonstigen dinglichen Belastung des Bergwerks sowie der Verpachtung.

(2) Zu Verfügungen über das verliehene Bergwerkseigentum durch Verzicht oder Schenkung ist Einstimmigkeit erforderlich.

§ 115

(1) Binnen einer Ausschlußfrist von vier Wochen vom Ablaufe des Tages, an welchem ein Gewerkschaftsbeschluß gefaßt ist, kann jeder Gewerke die Entscheidung des ordentlichen Gerichts, in dessen Bezirk das Bergwerk liegt, darüber anrufen, ob der Beschluß zum Besten der Gewerkschaft gereicht, und gegen die Gewerkschaft auf Aufhebung des Beschlusses klagen.

(2) (gegenstandslos)

(3) Diese Bestimmungen finden auf einen gemäß § 94 Abs. 2 und 4 gefaßten Beschluß keine Anwendung.

§ 116

(1) Durch die Erhebung der Klage auf Aufhebung des Gewerkschaftsbeschlusses wird seine Ausführung nicht aufgehalten.

(2) Wird der Beschluß aufgehoben, so verliert er erst von der Rechtskraft der richterlichen Entscheidung an seine rechtliche Wirksamkeit.

(3) Diese Bestimmungen finden keine Anwendung, wenn der Beschluß die im § 120 bezeichneten Gegenstände betrifft.

§ 117

(1) Jede Gewerkschaft ist verpflichtet, einen im Inlande wohnenden Repräsentanten zu bestellen und der Bergbehörde namhaft zu machen.

(2) Statt eines Repräsentanten kann die Gewerkschaft einen aus zwei oder mehr Personen bestehenden Grubenvorstand bestellen.

(3) Als Repräsentant oder Mitglieder des Grubenvorstandes können auch Personen bestellt werden, die nicht Gewerken sind.

§ 118

(1) Die Wahl erfolgt in einer nach § 113 beschlußfähigen Versammlung durch absolute Stimmenmehrheit. Ist eine solche bei der ersten Abstimmung nicht vorhanden, so werden die beiden Personen, welche die meisten Stimmen erhalten haben, in die engere Wahl gebracht. Bei Stimmengleichheit entscheidet das Los.

(2) Bei Ermittlung der in die engere Wahl zu bringenden zwei Personen entscheidet im Falle der Stimmengleichheit ebenfalls das Los.

(3) Die Niederschrift über die Wahlverhandlung ist gerichtlich oder notariell zu beurkunden. Eine Ausfertigung wird dem Repräsentanten oder dem Grubenvorstande zu seiner Legitimation erteilt.

§ 119

(1) Der Repräsentant oder Grubenvorstand vertritt die Gewerkschaft in ihren Angelegenheiten gerichtlich und außergerichtlich.

(2) Eine besondere Vollmacht ist nur in den im § 120 bezeichneten Fällen erforderlich.

(3) (gegenstandslos)

(4) Beschränkt oder erweitert die Gewerkenversammlung die Befugnisse des Repräsentanten oder Grubenvorstandes, so muß dies in die Legitimation (§ 118) aufgenommen werden.

§ 120

Der Repräsentant oder Grubenvorstand bedarf eines besonderen Auftrages der Gewerkenversammlung,

1. wenn es sich um Gegenstände handelt, die nur von einer Mehrheit von wenigstens drei Vierteln aller Kuxe oder nur mit Einstimmigkeit beschlossen werden können;

2. wenn Beiträge von den Gewerken erhoben werden sollen.

§ 121

(1) Der Repräsentant oder Grubenvorstand führt das Gewerkenbuch und fertigt die Kuxscheine aus (§ 103).

(2) Er ist verpflichtet, für die Führung der übrigen erforderlichen Bücher der Gewerkschaft Sorge zu tragen und jedem Gewerken auf Verlangen die Bücher zur Einsicht offenzulegen.

§ 122

(1) Der Repräsentant oder Grubenvorstand beruft die Gewerkenversammlungen.

(2) Er muß, wenn das Bergwerk im Betriebe ist, jährlich eine Gewerkenversammlung berufen und ihr eine vollständig belegte Verwaltungsrechnung vorlegen.

(3) Der Repräsentant ist zur Berufung einer Gewerkenversammlung verpflichtet, wenn dies die Eigentümer von wenigstens einem Viertel alle Kuxe verlangen. Unterläßt er die Berufung, so erfolgt sie auf Antrag durch die Bergbehörde.

(4) Zur Vornahme der Wahl eines Repräsentanten oder Grubenvorstandes oder zur Beschlußfassung über den Widerruf der Bestellung kann die Bergbehörde auf Antrag eine Gewerkenversammlung berufen.

§ 123

(1) Der Repräsentant ist berechtigt und verpflichtet, alle Vorladungen und andere Zustellungen an die Gewerkschaft rechtswirksam in Empfang zu nehmen.

(2) Bestellt die Gewerkschaft einen Grubenvorstand, so muß eines seiner Mitglieder mit der Empfangnahme beauftragt und in der Legitimation des Grubenvorstandes bezeichnet werden. Ist dies nicht geschehen, so kann die Zustellung an jedes Mitglied des Grubenvorstandes erfolgen.

§ 124

(1) Die Bestimmungen der §§ 120, 121 und 122 dürfen nur durch Statut (§ 94), die des § 123 überhaupt nicht geändert werden.

(2) In keinem Falle darf dem Repräsentanten oder Grubenvorstande die Vertretung der Gewerkschaft bei den Verhandlungen mit der Bergbehörde, mit der Knappschaft und mit anderen bergbaulichen Einrichtungen sowie in den gegen sie angestrengten Prozessen entzogen werden.

§ 125

(1) Die Gewerkschaft wird durch die von dem Repräsentanten oder Grubenvorstande in ihrem Namen geschlossenen Rechtsgeschäfte berechtigt und verpflichtet.

(2) Es ist gleichgültig, ob das Geschäft ausdrücklich im Namen der Gewerkschaft geschlossen worden ist oder ob die Umstände ergeben, daß es nach dem Willen der Parteien für die Gewerkschaft geschlossen werden sollte.

§ 126

(1) Der Repräsentant oder die Mitglieder des Grubenvorstandes sind aus den von ihnen im Namen der Gewerkschaft vorgenommenen Rechtshandlungen Dritten gegenüber für die Verbindlichkeiten der Gewerkschaft persönlich nicht verpflichtet.

(2) Handeln dieselben außerhalb der Grenzen ihres Auftrages oder den Vorschriften dieses Titels entgegen, so haften sie persönlich beziehungsweise gesamtschuldnerisch für den dadurch entstandenen Schaden.

§ 127

(1) Die Bergbehörde kann eine Gewerkschaft auffordern, binnen drei Monaten einen Repräsentanten oder einen Grubenvorstand zu bestellen.

(2) Wird dieser Aufforderung nicht entsprochen, so kann die Bergbehörde, bis dies geschieht, einen Repräsentanten bestellen und diesem eine angemessene, von der Gewerkschaft aufzubringende und nötigenfalls im Verwaltungszwangsverfahren einzuziehende Vergütung zusichern.

(3) Der interimistische Repräsentant hat die in den §§ 119 bis 123 bestimmten Rechte und Pflichten, sofern die Bergbehörde keine Beschränkung eintreten läßt.

§ 128

Soweit dieser Titel nichts anderes bestimmt, sind die durch Bestellung eines Repräsentanten oder Grubenvorstandes entstehenden Rechtsverhältnisse nach den allgemeinen Vorschriften über die Vollmacht und den Auftrag zu beurteilen.

§ 128 a — § 128 l

(gegenstandslos)

§ 129

Die Klage gegen einen Gewerken auf Zahlung seines durch Gewerkschaftsbeschluß bestimmten Beitrages kann nicht vor Ablauf der in § 115 bestimmten Ausschlußfrist von vier Wochen erhoben werden. Ist innerhalb dieser Frist von dem Gewerken auf Aufhebung des Beschlusses Klage erhoben worden (§ 115), so findet vor ihrer rechtskräftigen Entscheidung die Klage gegen den Gewerken nicht statt.

§ 130

Der Gewerke kann seine Verurteilung und die Zwangsvollstreckung dadurch abwenden, daß er unter Überreichung des Kuxscheins den Verkauf seines Anteils zum Zwecke der Befriedigung der Gewerkschaft anheimstellt.

§ 131

(1) Der Verkauf des Anteils erfolgt im Wege der Mobiliarversteigerung.

(2) Aus dem Erlös werden zunächst die Verkaufskosten und sodann die geschuldeten Beiträge gezahlt.

(3) Ist der Anteil unverkäuflich, so wird er den anderen Gewerken nach Verhältnis ihrer Anteile in ganzen Kuxen, soweit dies aber nicht möglich ist, der Gewerkschaft als solcher im Gewerkenbuche lastenfrei zugeschrieben.

§ 132

(1) Jeder Gewerke ist berechtigt, auf seinen Anteil freiwillig zu verzichten, wenn auf dem Anteile weder geschuldete Beiträge noch sonstige Schuldverbindlichkeiten haften oder die ausdrückliche Einwilligung der Gläubiger beigebracht wird und außerdem die Rückgabe des Kuxscheins an die Gewerkschaft erfolgt.

(2) Der Anteil soll, sofern die Gewerkschaft nicht anderweitig über ihn verfügt, durch den Repräsentanten zugunsten der Gewerkschaft verkauft werden.

(3) Ist der Anteil unverkäuflich, so findet § 131 Anwendung.

§ 133

(aufgehoben)

§ 134

(1) Mitbeteiligte eines Bergwerks, die keine gemeinsame gesetzliche Vertretung haben, müssen einen im Inlande wohnenden Vertreter bestellen und der Bergbehörde namhaft machen. § 127 findet entsprechende Anwendung.

(2) Dasselbe gilt, wenn der Alleineigentümer eines Bergwerks im Auslande wohnt.

(3) Der Vertreter hat mindestens die in § 124 Abs. 2 bezeichneten Geschäfte zu besorgen.

Fünfter Titel

Von den Rechtsverhältnissen zwischen den Bergbautreibenden und den Grundbesitzern

Erster Abschnitt

Von der Grundabtretung

§ 135

Ist für den Betrieb des Bergbaues, und zwar zu den Grubenbauen selbst, zu Halden-, Ablade- und Niederlageplätzen, Wegen, Eisenbahnen, Kanälen, Maschinenanlagen, Wasserläufen, Teichen, Hilfsbauen, Zechenhäusern und anderen für Betriebszwecke bestimmten Tagegebäuden, Anlagen und Vorrichtungen, zu den im § 58 bezeichneten Aufbereitungsanstalten sowie zu Solleitungen und Solbehältern die Benutzung eines fremden Grundstücks notwendig, so muß der Grundbesitzer, er sei Eigentümer oder Nutzungsberechtigter, das Grundstück an den Bergwerksbesitzer abtreten.

§ 136

(1) Die Abtretung darf nur aus überwiegenden Gründen des öffentlichen Interesses versagt werden.

(2) Zur Abtretung des mit Wohn-, Wirtschafts- oder Fabrikgebäuden bebauten Grund und Bodens und der damit in Verbindung stehenden eingefriedigten Hofräume kann der Grundbesitzer gegen seinen Willen nur verpflichtet werden, wenn der Minister für Wirtschaft, Mittelstand und Verkehr aus überwiegenden Gründen des öffentlichen Interesses zugestimmt hat; in diesem Falle ist der Bergwerksbesitzer berechtigt und auf Verlangen des Grundeigentümers verpflichtet, das Eigentum der bezeichneten Grundstücke zu erwerben.

§ 137

(1) Der Bergwerksbesitzer ist verpflichtet, dem Grundbesitzer für die entzogene Nutzung jährlich im voraus vollständige Entschädigung zu leisten und das Grundstück nach beendigter Benutzung zurückzugeben.

(2) Tritt durch die Benutzung eine Wertminderung des Grundstücks ein, so muß der Bergwerksbesitzer bei der Rückgabe den Minderwert ersetzen. Für die Erfüllung dieser Verpflichtung kann der Grundbesitzer schon bei der Abtretung des Grundstücks die Bestellung einer angemessenen Sicherheit von dem Bergwerksbesitzer verlangen. Der Eigentümer des Grundstücks kann in diesem Falle fordern, daß der Bergwerksbesitzer, statt den Minderwert zu ersetzen, das Eigentum des Grundstücks erwirbt.

§ 138

Wenn feststeht, daß die Benutzung des Grundstücks länger als drei Jahre dauern wird, oder wenn die Benutzung nach Ablauf von drei Jahren noch fortdauert, so kann der Grundeigentümer verlangen, daß der Bergwerksbesitzer das Eigentum des Grundstücks erwirbt.

§ 139

(1) Wenn ein Grundstück durch die Abtretung einzelner Teile so zerstückelt werden würde, daß die übrigbleibenden Teile nicht mehr zweckmäßig benutzt werden können, so muß auch für letztere die jährliche Entschädigung (§ 137) auf Verlangen des Grundbesitzers von dem Bergwerksbesitzer geleistet werden.

(2) Unter derselben Voraussetzung kann der Eigentümer eines solchen Grundstücks verlangen, daß der Bergwerksbesitzer das Eigentum des ganzen Grundstücks erwirbt.

§ 140

Bei der zwangsweisen Abtretung oder Erwerbung eines Grundstückes zu einer bergbaulichen Anlage kommen diejenigen Werterhöhungen, welche das Grundstück erst infolge dieser Anlage erhält, bei der Entschädigung nicht in Ansatz.

§ 141

(1) Wegen aller zu Zwecken des Bergbaubetriebes veräußerten Teile von Grundstücken findet ein Vorkaufsrecht statt, wenn das Grundstück für Zwecke des Bergbaues entbehrlich wird.

(2) Das Vorkaufsrecht steht dem derzeitigen Eigentümer des durch die ursprüngliche Veräußerung verkleinerten Grundstücks zu.

§ 142

Können die Beteiligten sich in den Fällen der §§ 135 bis 139 über die Grundabtretung nicht gütlich einigen, so erfolgt die Entscheidung darüber, ob, in welchem Umfange und unter welchen Bedingungen der Grundbesitzer zur Abtretung des Grundstücks oder der Bergwerksbesitzer zum Erwerbe des Eigentums verpflichtet ist, durch einen Beschluß des Oberbergamts im Einvernehmen mit dem Regierungspräsidenten.

§ 143

(1) Vor der Entscheidung müssen beide Teile gehört und die Verhältnisse durch Kommissare der beiden Behörden an Ort und Stelle untersucht werden.

(2) Die Ermittlung der für die vorübergehende Benutzung des Grundstücks oder für die Abtretung des Eigentums zu leistenden vollständigen Entschädigung sowie der im § 137 erwähnten Sicherheitsleistung liegt beim Mangel einer gütlichen Einigung der Beteiligten ebenfalls den Kommissaren ob.

(3) Zu dieser Ermittlung sind Sachverständige zuzuziehen.

(4) Jeder Teil ist berechtigt, einen Sachverständigen zu bezeichnen. Geschieht dies binnen einer von den Kommissaren zu bestimmenden Frist nicht, so ernennen diese die Sachverständigen.

(5) In jedem Falle können die Kommissare einen dritten Sachverständigen zuziehen.

§ 144

Der Beschluß, durch welchen die zwangsweise Abtretung oder Erwerbung eines Grundstücks ausgesprochen wird, muß das Grundstück genau bezeichnen, die dem Grundbesitzer zu leistende Entschädigung und gegebenenfalls die Sicherheitsleistung festsetzen und die sonstigen Bedingungen der Abtretung oder Erwerbung enthalten.

§ 145

(1) Gegen die Festsetzung der Entschädigung und der Sicherheitsleistung findet nur die Klage vor den ordentlichen Gerichten statt.

(2) Über die Verpflichtung zur Abtretung eines Grundstücks ist der Rechtsweg nur in dem Falle zulässig, wenn die Befreiung von dieser Verpflichtung auf Grund des zweiten Absatzes des § 136 oder eines speziellen Rechtstitels behauptet wird.

§ 146

Durch Erhebung der Klage nach § 145 Abs. 1 wird die Besitznahme des Grundstücks nicht aufgehalten, wenn die festgesetzte Entschädigung an den Berechtigten gezahlt oder bei verweigerter Annahme gerichtlich hinterlegt, auch eine angeordnete Sicherheit bei Gericht hinterlegt ist.

§ 147

Die Kosten des Grundabtretungsverfahrens hat für die erste Instanz der Bergwerksbesitzer, für die Beschwerdeinstanz der unterliegende Teil zu tragen.

Zweiter Abschnitt

Von dem Schadensersatze für Beschädigungen des Grundeigentums

§ 148 [1]

(1) Der Bergwerkseigentümer ist verpflichtet, allen Schaden, welcher dem Grundeigentum, dessen Bestandteilen oder Zubehör durch den Betrieb des Bergwerkes zugefügt wird, zu ersetzen, ohne Unterschied, ob der Betrieb unter dem beschädigten Grundstück stattgefunden hat oder nicht, ob die Beschädigung von dem Bergwerkseigentümer verschuldet ist und ob sie vorausgesehen werden konnte oder nicht.[2] Geht das Bergwerkseigentum auf einen anderen über, so bleibt die Haftung des bisherigen Bergwerkseigentümers bestehen, es sei denn, daß sein Betrieb für den Schaden nicht ursächlich ist.[3] Wird der Betrieb nicht vom Bergwerkseigentümer, sondern für Rechnung eines anderen (Betreiber) geführt, so haftet dieser neben dem Bergwerkseigentümer, jedoch nicht im weiteren Umfang als dieser selbst.[4] Die Haftung des Betreibers bleibt auch nach

Einstellung des Betriebes oder bei Fortführung des Betriebes durch einen anderen bestehen, es sei denn, daß sein Betrieb für den Schaden nicht ursächlich ist.[5]

(2) Die nach Absatz 1 Verpflichteten haften als Gesamtschuldner.[6]

(3) Den Hypotheken-, Grundschuld- und Rentenschuldgläubigern wird eine besondere Entschädigung nicht gewährt.

1. a) Die Neugestaltung des Bergschadensrechts bildete den Mittelpunkt des 4. Bergrechtsänderungsgesetzes. Veranlassung zu der Reform gaben u. a. die aus Kreisen der Grundeigentümer erhobenen Klagen darüber, daß Bergschadensforderungen nicht erfüllt werden konnten, weil kein zahlungsfähiger Bergwerkseigentümer mehr vorhanden war. Da nach bisherigem Recht nur der jeweilige Bergwerkseigentümer für Bergschäden haftete, konnte sich der Bergbautreibende der Verpflichtung zum Schadensersatz dadurch entziehen, daß er sein Bergwerkseigentum auf eine mittellose natürliche oder juristische Person übertrug.

b) In der letzten Zeit hat die Frage zunehmende Bedeutung gewonnen, ob an Stelle nicht mehr vorhandener oder vermögensloser Bergwerksbesitzer der Staat zur Erfüllung von Bergschadensforderungen in Anspruch genommen werden kann. Vgl. zu diesem Problem, das in der Rechtsprechung noch nicht abschließend entschieden ist, Heinemann, Subsidiäre Staatshaftung für Bergschäden? NJW 1967 S. 1306; ders., Ersatzhaftung des Staates für Bergschäden, ZfB Bd. 108 S. 459; Turner, Die Haftung des Staates für Bergschäden nach der Aufhebung von Bergbaurechten oder bei Zahlungsunfähigkeit von Berechtigten, NJW 1968 S. 85; ders., Stellt es eine Enteignung dar, daß Grundeigentümer sich gegen bergbauliche Einwirkungen nicht wehren können? ZfB Bd. 109 S. 183.

c) Der Gesetzgeber hielt es im Interesse der Allgemeinheit für angebracht, den Kreis der Ersatzpflichtigen zu erweitern, um die Gefahr, daß der Grundeigentümer seinen Bergschadensanspruch nicht realisieren kann, zumindest zu verringern. Dabei kam es vor allem darauf an, die Ersatzverpflichtung desjenigen, durch dessen Betrieb die Bergschäden verursacht wurden, zu gewährleisten.

2. § 148 Abs. 1 Satz 1 entspricht inhaltlich dem bisherigen Absatz 1. Es wurden lediglich zur Klarstellung die Worte „Bergwerksbesitzer" durch „Bergwerkseigentümer" und „Zubehörungen" in Angleichung an das Bürgerliche Gesetzbuch durch „Bestandteile oder Zubehör" (§§ 94, 97 BGB) ersetzt. Insoweit hat sich also gegenüber dem früheren Rechtszustand nichts geändert. Der derzeitige Bergwerkseigentümer haftet nach wie vor für alle Bergschäden, die während der Dauer seines Eigentums eintreten. Vgl. im Hauptband § 148 Anm. 11 a) und b). Er kann sich von dieser Haftung auch nicht durch den Nachweis befreien, daß der Schaden etwa durch den Betrieb eines Rechtsvorgängers oder eines Pächters verursacht worden sei.

3. a) Durch den in § 148 Abs. 1 neu eingefügten Satz 2 soll die in Anm. 1 angedeutete Möglichkeit, daß sich der Bergwerkseigentümer durch Veräußerung des Bergwerkseigentums der Bergschadenshaftung entzieht, ausgeschlosen werden. Die Haftung des Bergwerkseigentümers bleibt im bisherigen Umfang bestehen, auch wenn das Bergwerk auf einen anderen übergeht, wobei es auf die Art des Eigentumsübergangs nicht ankommt. Die Haftung erstreckt sich sowohl auf die bereits entstandenen Bergschäden wie auch auf solche, die erst nach dem Eigentumsübergang eintreten. Sie entfällt jedoch, wenn der Schaden nicht durch den Betrieb des bisherigen Bergwerkseigentümers verursacht worden ist. Die Beweislast hierfür trägt der bisherige Bergwerkseigentümer unbeschadet der Beweispflicht des Grundbesitzers, daß es sich überhaupt um einen Bergschaden handelt.

b) Der Grundbesitzer kann also künftig seinen Schadensersatzanspruch nicht nur gegen den jeweiligen Bergwerkseigentümer richten, sondern auch gegen dessen Rechtsvorgänger, sofern das Bergwerkseigentum nach Inkrafttreten des 4. Bergrechtsänderungsgesetzes, d. h. nach dem 26. 6. 1968 auf den derzeitigen Bergwerkseigentümer übergegangen ist. Der frühere Bergwerkseigentümer hat aber die Möglichkeit der Entlastung durch den Nachweis, daß sein Betrieb für den eingetretenen Schaden nicht ursächlich war.

4. In der Rechtsprechung ist nicht eindeutig geklärt worden, ob nach der bisherigen Fassung des § 148 im Falle der Verpachtung eines Bergwerks neben dem Bergwerkseigentümer auch der Pächter für den durch seinen Bergwerksbetrieb verursachten Schaden aufzukommen hat. Vgl. dazu im Hauptband § 48 Anm. 11 d). Diese Unklarheit ist durch § 148 Abs. 1 Satz 3 ausgeräumt worden. Danach haftet der Betreiber eines Bergwerks neben dem Bergwerkseigentümer, jedoch nicht in weiterem Umfang als dieser selbst. Durch diese Einschränkung ist klargestellt worden, daß ein für den Bergwerkseigentümer eingetragener Bergschadensverzicht auch zugunsten des Betreibers wirkt, wobei es gleichgültig ist, ob der Verzicht in Form einer Grunddienstbarkeit nach § 1018 BGB — vgl. OLG Hamm, Beschl. v. 9. 2. 1965, MDR 1965 S. 659 — oder als beschränkte persönliche Dienstbarkeit nach § 1090 BGB — vgl. LG Gießen, Beschl. v. 20. 5. 1965, NJW 1965 S. 1968 — bestellt wurde. Die Bezeichnung „Betreiber“ ist in § 148 eingeführt worden, um Verwechslungen und Mißverständnisse von vornherein auszuschließen; das Wort „Bergwerksbesitzer“, das an sich ebenfalls in Betracht gekommen wäre, umfaßt nach dem Sprachgebrauch des ABG auch den Bergwerkseigentümer.

5. Nach Satz 4 bleibt die Haftung des Betreibers für den durch seinen Betrieb verursachten Schaden auch nach der Betriebseinstellung oder bei Fortführung des Betriebes durch einen anderen bestehen. Ebenso wie der bisherige Bergwerkseigentümer nach Satz 2 ist der frühere Betreiber für den Haftungsausschluß beweispflichtig. Die Ersatzpflicht des derzeitigen Betreibers gem. § 148 Abs. 1 Satz 3 wird durch Satz 4 nicht berührt.

Der geschädigte Grundbesitzer hat mithin nach neuem Recht bis zu vier Anspruchsgegner: 1. den augenblicklichen Betreiber, 2. den augenblicklichen Bergwerkseigentümer, 3. den früheren Betreiber, 4. den früheren Bergwerkseigentümer. Letzterer haftet allerdings im Gegensatz zu dem augenblicklichen Eigentümer nur für den durch seinen eigenen Bergwerksbetrieb verursachten Schaden.

6. Die vorstehend Genannten haften, soweit sie nach § 148 Abs. 1 zum Ersatz verpflichtet sind, gem. § 148 Abs. 2 als Gesamtschuldner (§ 421 BGB). Im Verhältnis zueinander sind sie nach § 426 BGB zu gleichen Anteilen verpflichtet, soweit nichts anderes vereinbart ist.

§ 149

Ist der Schaden durch den Betrieb mehrerer Bergwerke verursacht, so haften die nach § 148 Abs. 1 verpflichteten Bergwerkseigentümer und Betreiber dieser Bergwerke als Gesamtschuldner.[1]

1. Die Änderung des § 149 war durch die Erweiterung des Kreises der Ersatzpflichtigen in § 148 bedingt.

§ 150

(1) Die Ersatzpflicht nach den §§ 148 und 149 tritt nicht für den Schaden ein,[1] **welcher an Gebäuden oder anderen Anlagen durch den Betrieb des Bergwerks entsteht, wenn solche Anlagen zu einer Zeit errichtet worden sind, zu**

der dem Grundbesitzer bei Anwendung gewöhnlicher Aufmerksamkeit die den Anlagen durch den Bergbau drohende Gefahr nicht unbekannt bleiben konnte.

(2) Muß wegen einer derartigen Gefahr die Errichtung solcher Anlagen unterbleiben, so hat der Grundbesitzer auf die Vergütung der Wertminderung, welche sein Grundstück dadurch etwa erleidet, keinen Anspruch, wenn sich aus den Umständen ergibt, daß die Absicht, solche Anlagen zu errichten, nur kundgegeben wird, um jene Vergütung zu erzielen.

1. Die Änderung des § 150 Abs. 1 war zur Anpassung an die Neufassung der §§ 148 und 149 erforderlich.

§ 151

(1) Ansprüche auf Ersatz eines durch den Bergbau verursachten Schadens (§§ 148, 149), welche sich nicht auf Vertrag gründen, müssen von dem Beschädigten innerhalb von drei Jahren, nachdem er Kenntnis von dem Schaden und seinem Urheber erlangt hat, durch Klage vor dem ordentlichen Gericht geltend gemacht werden, widrigenfalls sie verjähren.

(2) Schweben zwischen dem Ersatzpflichtigen und dem Ersatzberechtigten Verhandlungen über den zu leistenden Schadensersatz, so ist die Verjährung gehemmt, bis der eine oder der andere Teil die Fortsetzung der Verhandlungen verweigert.[1]

1. Absatz 2 wurde durch das 4. Bergrechtsänderungsgesetz hinzugefügt. Die Fassung entspricht § 14 Abs. 2 des Straßenverkehrsgesetzes v. 19. 12. 1952 (BGBl. I S. 837).

Nach § 205 BGB wird der Zeitraum, während dessen die Verjährung gehemmt ist, in die Verjährungsfrist nicht eingerechnet. Die Hemmung tritt nur ein, wenn Verhandlungen über die Regulierung eines konkreten Bergschadens geführt werden. Eine „Verhandlung" liegt dann vor, wenn der in Anspruch genommene Bergwerksbesitzer die gegen ihn erhobene Schadensersatzforderung nicht sofort ablehnt, sondern sich auf eine Erörterung des Anspruchs einläßt und dabei zu erkennen gibt, daß er unter bestimmten Voraussetzungen bereit ist, einen gewissen Ersatz zu leisten. Die Verhandlungen müssen zwischen dem Ersatzpflichtigen und dem Ersatzberechtigten selbst oder deren Bevollmächtigten geführt werden; die Hemmung tritt nicht ein, wenn ein Beteiligter ohne Vollmacht handelt. — Die Verweigerung einer Fortsetzung der Verhandlungen ist dann gegeben, wenn einer der Verhandlungspartner eindeutig zu erkennen gibt, daß er weitere Erörterungen über die Bergschadensforderung ablehnt.

§ 152

Auf Beschädigungen des Grundeigentums oder seiner Zubehörungen durch die von Schürfern und Mutern ausgeführten Arbeiten finden die §§ 148 bis 151 ebenfalls Anwendung.

Dritter Abschnitt

Von dem Verhältnisse des Bergbaues zu öffentlichen Verkehrsanstalten

§ 153

(1) Gegen die Ausführung von Landstraßen, Eisenbahnen, Kanälen und anderen öffentlichen Verkehrsmitteln, zu deren Anlegung dem Unternehmer durch Gesetz oder besondere ... Verordnung das Enteignungsrecht verliehen ist, steht dem Bergbautreibenden ein Widerspruchsrecht nicht zu.

(2) Vor Feststellung der solchen Anlagen zu gebenden Richtung sind diejenigen, über deren Bergwerke dieselben geführt werden sollen, von der zuständigen Behörde darüber zu hören, in welcher Weise unter möglichst geringer Benachteiligung des Bergwerkseigentums die Anlage auszuführen sei.

§ 154

(1) War der Bergbautreibende zu dem Bergwerksbetriebe früher berechtigt, als die Genehmigung der Anlage (§ 153) erteilt ist, so hat er gegen den Unternehmer der Anlage einen Anspruch auf Schadensersatz. Ein Schaden ist nur insoweit zu ersetzen, als entweder die Herstellung sonst nicht erforderlicher Anlagen in dem Bergwerke oder die sonst nicht erforderliche Beseitigung oder Veränderung bereits in dem Bergwerke vorhandener Anlagen notwendig wird.

(2) Können die Beteiligten sich über die zu leistende Entschädigung nicht gütlich einigen, so erfolgt ihre Festsetzung nach Anhörung beider Teile und mit Vorbehalt des Rechtsweges durch einen Beschluß des Oberbergamts, welcher vorläufig vollstreckbar ist.

§ 155

(aufgehoben)

Sechster Titel

Von der Aufhebung des Bergwerkseigentums

§ 156

Stellt die Bergbehörde fest, daß ein Bergwerkseigentümer die gemäß § 65 an ihn erlassene Aufforderung zur Inbetriebnahme des Bergwerks oder zur Fortsetzung des unterbrochenen Betriebs nicht befolgt, so kann das Oberbergamt die Einleitung des Verfahrens wegen Entziehung des Bergwerkseigentums durch einen Beschluß aussprechen.

§ 157

(gegenstandslos)

§ 158

Erhebt der Bergwerkseigentümer keinen Widerspruch oder ist dieser rechtskräftig verworfen, so wird der Beschluß von dem Oberbergamt den aus dem Grundbuche ... ersichtlichen Gläubigern und anderen Realberechtigten zugestellt und außerdem durch das Amtsblatt der Regierung, in deren Bezirk das Bergwerk liegt, unter Verweisung auf diesen und den folgenden Paragraphen zur öffentlichen Kenntnis gebracht.

§ 159

(1) Jeder Hypothekengläubiger oder sonstige Realberechtigte ... kann binnen drei Monaten vom Ablaufe des Tages, an dem der Beschluß zugestellt oder das die Bekanntmachung enthaltende Amtsblatt ausgegeben worden ist, zum Zwecke seiner Befriedigung die Zwangsversteigerung des Bergwerks bei dem zuständigen Gericht auf seine Kosten beantragen.

(2) Wer von dieser Befugnis innerhalb der angegebenen Frist keinen Gebrauch macht, verliert mit der Aufhebung des Bergwerkseigentums sein dingliches Recht (§ 160).

(3) Auch der bisherige Eigentümer des Bergwerks kann innerhalb der Ausschlußfrist von drei Monaten die Zwangsversteigerung beantragen.

§ 160

(1) Wird die Zwangsversteigerung nicht beantragt oder führt sie nicht zu dem Verkauf des Bergwerks, so spricht das Oberbergamt durch einen Beschluß die Aufhebung des Bergwerkseigentums aus.

(2) Mit dieser Aufhebung erlöschen alle Ansprüche auf das Bergwerk.[1] **Die Haftung nach den §§ 148 bis 152 bleibt jedoch bestehen, auch wenn der Schaden erst nach Aufhebung des Bergwerkseigentums eintritt.**[2]

1. § 160 Abs. 2 in der bisherigen Fassung betrifft zwar an sich nur die dinglichen Rechte am Bergwerkseigentum. In der Rechtsprechung und im Schrifttum wurde jedoch überwiegend die Ansicht vertreten, daß mit der Aufhebung des Bergwerkseigentums auch die Haftung des Bergwerkseigentümers für Bergschäden, die nach der Aufhebung eintreten, entfällt; vgl. im Hauptband § 160 Anm. 4, a. M. Turner in NJW 1968 S. 85. Das kann in der Praxis zu unbilligen Ergebnissen führen, weil sich der Bergwerkseigentümer u. U. durch Verzicht auf sein Bergwerkseigentum der Inanspruchnahme wegen der durch seinen Bergwerksbetrieb verursachten Bergschäden entziehen kann und damit der Grundeigentümer seinen Schadensersatzanspruch verliert. Begr. zu Art. I Nr. 9 d. 4. Bergrechtsänderungsgesetzes LT-Drucks. Nr. 588 S. 9. Das Oberbergamt ist zwar befugt, die Aufhebung des Bergwerkseigentums abzulehnen, wenn der Aufhebung öffentliche Interessen entgegenstehen. Das ist aber nach der Rechtsprechung nur der Fall, wenn eine gewisse Wahrscheinlichkeit dafür spricht, daß an der Oberfläche umfangreiche Bergschäden auftreten. VG Gelsenkirchen, U. v. 28. 2. 1967, zit. bei v. Schlütter, Glückauf 1967 S. 1312. Es erscheint unbefriedigend, die Möglichkeit der Geltendmachung eines privatrechtlichen Bergschadensersatzanspruches von der unter öffentlich-rechtlichen Gesichtspunkten zu treffenden Entscheidung des Oberbergamts über die Aufhebung abhängig zu machen. Andererseits erschwert es die durchaus erwünschte Bereinigung des Berechtsamswesens, wenn die Behörde u. U. wegen privater Bergschadensforderungen gehindert ist, Bergwerkseigentum aufzuheben, auf das der Eigentümer verzichtet hat.

2. Um diese Mißhelligkeiten auszuschließen, ist durch das 4. Bergrechtsänderungsgesetz in § 160 Abs. 2 ein Satz 2 angefügt worden, der bestimmt, daß die Bergschadenshaftung nach den §§ 148 bis 152 auch nach Aufhebung des Bergwerkseigentums noch bestehen bleibt, d. h. sie erstreckt sich auch auf Bergschäden, die erst nach der Aufhebung eintreten. Da die Gesetzesänderung keine rückwirkende Kraft haben kann, tritt die Fortdauer der Bergschadenshaftung nur in den Fällen ein, in denen das Bergwerkseigentum nach dem 26. 6. 1968 aufgehoben worden ist.

Der Kreis der Ersatzpflichtigen, der Umfang der Haftung und die Verjährung richten sich nach den §§ 148 bis 152. In erster Linie haftet der letzte Bergwerkseigentümer vor der Aufhebung, gegebenenfalls neben ihm der letzte Betreiber. Ist das Bergwerkseigentum nach dem 26. 6. 1968 übertragen worden oder hat der Betreiber nach diesem Zeitpunkt gewechselt, können auch der frühere Eigentümer oder Betreiber in Anspruch genommen werden. Diese haben allerdings die Möglichkeit, sich durch den Nachweis, daß der Schaden nicht durch ihren Betrieb verursacht wurde, von der Haftung zu befreien.

§ 161

(1) Erklärt der Eigentümer eines Bergwerks vor der Bergbehörde seinen freiwilligen Verzicht auf das Bergwerk, so wird mit dieser Erklärung wie mit dem in § 158 bezeichneten Beschlusse verfahren.

(2) Die den Hypothekengläubigern und anderen Realberechtigten ... im § 159 eingeräumte Befugnis steht ihnen auch in diesem Falle zu; hinsichtlich der Aufhebung des Bergwerkseigentums finden die Bestimmungen des § 160 ebenfalls Anwendung.

§ 162

Nach § 161 ist auch dann zu verfahren, wenn der freiwillige Verzicht auf das Bergwerkseigentum nur einzelne Teile eines Feldes betrifft.

§ 163

Bei der Aufhebung eines Bergwerkseigentums darf der bisherige Eigentümer die Zimmerung und Mauerung des Grubengebäudes nur insoweit wegnehmen, als nach der Entscheidung der Bergbehörde nicht sicherheitliche Gründe entgegenstehen.

§ 164

Die in dem Aufhebungsverfahren bei der Bergbehörde entstehenden Kosten hat der Bergwerkseigentümer zu tragen.

Siebenter Titel

Von den Knappschaftsvereinen

§§ 165—186
(gegenstandslos)

Achter Titel

Von den Bergbehörden

§ 187

Die Bergbehörden sind:
die Bergämter,
die Oberbergämter,
der Minister für Wirtschaft, Mittelstand und Verkehr.

§ 188

Die Sitze und Verwaltungsbezirke der Bergämter und Oberbergämter werden durch Verordnung des Ministers für Wirtschaft, Mittelstand und Verkehr bestimmt.

§ 189

(1) Die Bergämter bilden innerhalb ihrer Bezirke die erste Instanz in allen Geschäften, die nach diesem Gesetz der Bergbehörde obliegen und nicht ausdrücklich den Oberbergämtern übertragen sind.

(2) Sie handhaben insbesondere die Bergaufsicht ... Bezüglich der ihrer Aufsicht unterstehenden Anlagen und Betriebe stehen ihnen ... die Befugnisse und Obliegenheiten der im § 139 b der Gewerbeordnung bezeichneten Aufsichtsbeamten zu.

(3) (gegenstandslos)

§ 190

(1) Die Oberbergämter bilden die Aufsichts- und Beschwerdeinstanz für die Bergämter.

(2) Unter ihrer Aufsicht stehen die Markscheider. **Die Aufsicht erstreckt sich auf die ordnungsgemäße Ausführung der in § 1 Abs. 1 des Gesetzes über die Zulassung als Markscheider vom 27. Juli 1961 (GV. NW. S. 240) bezeichneten Arbeiten.**[1]

(3) (aufgehoben)

(4) Sie überwachen die Ausbildung derjenigen Personen, welche sich für den Staatsdienst im Bergfach vorbereiten.

(5) Außerdem liegen den Oberbergämtern die ihnen in diesem Gesetz ausdrücklich übertragenen Geschäfte ob.

(6) Innerhalb ihres Geschäftskreises haben die Oberbergämter die gesetzlichen Befugnisse und Verpflichtungen der Regierungspräsidenten.

1. § 190 Abs. 2 Satz 2 ist durch das 4. Bergrechtsänderungsgesetz angefügt worden. Er soll den Umfang der bergbehördlichen Aufsicht über die Markscheider konkreter als bisher bezeichnen. In § 1 Abs. 1 des Gesetzes über die Zulassung als Markscheider v. 27. 7. 1961 (GV. NW. S. 240) werden die Arbeiten genannt, deren Ausführung ausschließlich den Markscheidern vorbehalten ist, das sind Aufnahmen und rißliche Darstellungen über und unter Tage für bergmännische Zwecke. Die Aufsicht des Oberbergamts nach § 190 Abs. 2 ist auf die ordnungsgemäße Ausführung

dieser Arbeiten beschränkt. Sie erstreckt sich nicht auf sonstige von den Markscheidern ausgeübte Tätigkeiten. Soweit die Markscheider und ihre Mitarbeiter im eigentlichen Bergwerksbetrieb eingesetzt sind, unterliegen ihre Arbeiten jedoch der Bergaufsicht nach § 196. Deshalb sind in den gem. § 191 zu erlassenden Rechtsverordnungen auch die in § 196 aufgeführten Gesichtspunkte zu berücksichtigen.

Für die öffentliche Bestellung und Vereidigung von Markscheidern als Sachverständige im Rahmen des § 36 GewO auf dem Gebiet des Bergwesens ist nach § 2 Abs. 2 Nr. 1 der VO über Zuständigkeiten auf dem Gebiet des Pfandleihgewerbes, des Versteigerergewerbes und des Sachverständigenwesens v. 21. 2. 1961 (GV. NW. S. 133) i. d. F. d. VO v. 15. 9. 1964 (GV. NW. S. 288/SGV. NW. 7101) das Oberbergamt zuständig.

§ 191

(1) Soweit es zur Aufsicht der Oberbergämter über die Markscheider nach § 190 Abs. 2 und zum Schutz der in § 196 genannten Gegenstände erforderlich ist, kann der Minister für Wirtschaft, Mittelstand und Verkehr durch Rechtsverordnung bestimmen,[1]

a) welchen Anforderungen markscheiderische Arbeiten nach Form und Inhalt genügen müssen,

b) welche Aufzeichnungen über markscheiderische Arbeiten anzufertigen sind,

c) wie markscheiderische Unterlagen zu behandeln, insbesondere aufzubewahren sind,

d) welche Anzeigen zu erstatten und welche Auskünfte dem Oberbergamt zu erteilen sind.

(2) Zur Überprüfung der Verpflichtungen, die sich aus den gemäß Absatz 1 erlassenen Rechtsverordnungen ergeben, können vom Oberbergamt bevollmächtigte Personen die Geschäftsräume des Markscheiders während der Geschäftsstunden betreten, dort Besichtigungen vornehmen und in die markscheiderischen Unterlagen Einsicht nehmen. Das Grundrecht des Art. 13 des Grundgesetzes wird insoweit eingeschränkt.[2]

1. § 191 enthielt in seiner ursprünglichen Fassung Bestimmungen über die Anfechtung von Verwaltungsakten der Bergbehörde durch den Rekurs. Diese Vorschrift ist durch die Verwaltungsgerichtsordnung v. 21. 1. 1960 gegenstandslos geworden. Das 4. Bergrechtsänderungsgesetz hat nunmehr in einer Neufassung des § 191 dem Wirtschaftsminister die gesetzliche Ermächtigung erteilt, durch Rechtsverordnung für alle Markscheider verbindliche Vorschriften über die Pflichten bei der Ausführung markscheiderischer Arbeiten und über die Geschäftsführung der Markscheider zu erlassen. Eine entsprechende Regelung hat das Saarland mit Gesetz zur Änderung des ABG v. 5. 7. 1967 durch Einfügung eines neuen Absatzes 5 in § 197 getroffen. Die nach § 191 zu erlassende Rechtsverordnung hat sich im Rahmen der in § 196 sowie in § 190 Abs. 2 bezeichneten Gesichtspunkte zu halten.

Der Minister für Wirtschaft, Mittelstand und Verkehr des Landes Nordrhein-Westfalen hat von der in § 191 Abs. 1 gegebenen Ermächtigung bereits Gebrauch gemacht durch Erlaß der Verordnung über die Geschäftsführung der Markscheider und die technische Ausführung der Markscheiderarbeiten (Markscheiderordnung) v. 27. 6. 1968 (GV. NW. S. 207), die am 1. 7. 1968 in Kraft getreten ist. In § 76 dieser VO ist die Preußische Markscheiderordnung v. 23. 3. 1923 (PrGS. NW. S. 186) aufgehoben worden. Die bisher in § 4 Abs. 2 Pr. MarkschO enthaltene Bestimmung, daß die Markscheider hinsichtlich der ihnen durch Gesetz oder Bergverordnung zugewiesenen Arbeiten öffentlichen Glauben genießen, ist jetzt in § 3 Abs. 2 des Gesetzes über die Zulassung als Markscheider v. 27. 7. 1961 (GV. NW. S. 240) aufgenommen worden; Art. V d. 4. Bergrechtsänderungsgesetzes, s. S. 79. Soweit die Markscheider hiernach mit öffentlichem Glauben versehen sind, begründen die von ihnen in der vorgeschriebenen Form aufgenommenen Urkunden nach §§ 415, 418 ZPO den vollen Beweis der darin bezeugten Tatsachen.

§ 192

(1) (gegenstandslos)

(2) Widersprechen Verfügungen und Beschlüsse des Bergamts oder des Oberbergamts den von der zuständigen Berufsgenossenschaft erlassenen Vorschriften zur Verhütung von Unfällen, so können diese auch von dem Vorstand der Berufsgenossenschaft oder ihrer Bezirksverwaltung angefochten werden.

§ 192 a

(gegenstandslos)

§ 193

(gegenstandslos)

§ 194

(gegenstandslos)

§ 194 a

(gegenstandslos)

§ 194 b

(gegenstandslos)

§ 195

(1) Die Bergbeamten, deren Frauen und minderjährigen Kinder können im Verwaltungsbezirke dieser Beamten durch Mutung keine Bergwerke oder Kuxe erwerben.

(2) Zum Erwerb von Bergwerken oder Kuxen durch andere Rechtsgeschäfte unter Lebenden ist die Genehmigung des Ministers für Wirtschaft, Mittelstand und Verkehr erforderlich.

Neunter Titel

Von der Bergaufsicht

Erster Abschnitt

Von dem Erlasse bergaufsichtlicher Vorschriften

§ 196

(1) Der Bergbau steht unter der Aufsicht der Bergbehörden.

(2) Sie erstreckt sich insbesondere auf
die Sicherheit der Baue,
die Sicherheit des Lebens und der Gesundheit der Arbeiter,
die Aufrechterhaltung der guten Sitten und des Anstandes durch die Einrichtung des Betriebs,
den Schutz aller Lagerstätten, soweit er im allgemein-wirtschaftlichen Interesse liegt,
den Schutz der Oberfläche im Interesse der persönlichen Sicherheit und des öffentlichen Verkehrs **während des Bergwerksbetriebes[1] und nach dem Abbau,[2]**
die Sicherung und Ordnung der Oberflächennutzung und Gestaltung der Landschaft während des Bergwerksbetriebes und nach dem Abbau,
den Schutz gegen gemeinschädliche Einwirkungen des Bergbaues.

(3) Dieser Aufsicht unterliegen auch die im § 58 erwähnten Aufbereitungsanstalten, die Salinen, die durch Verordnung des Ministers für Wirtschaft, Mittelstand und Verkehr bestimmten bergbaulichen Nebengewinnungs- und Weiterverarbeitungsanlagen sowie alle mit dem Bergwerksbetrieb und den erwähnten Anstalten und Anlagen in räumlichem und betrieblichem Zusammenhange stehenden Nebenanlagen, ferner die im § 59 genannten Dampfkessel und Triebwerke. Der Minister für Wirtschaft, Mittelstand und Verkehr entscheidet endgültig darüber, ob eine Nebenanlage der Aufsicht der Bergbehörden untersteht.

Im Saarland hat Absatz 2 folgende Fassung erhalten:

(2) Sie erstreckt sich insbesondere auf
die Sicherheit des Lebens und der Gesundheit der im Bergbau tätigen Personen,
die Sicherheit der Baue,
die Aufrechterhaltung der guten Sitten und des Anstandes durch die Einrichtung des Betriebes,
den Schutz aller Lagerstätten, soweit er im allgemeinwirtschaftlichen Interesse liegt,
den Schutz der Oberfläche im Interesse der persönlichen Sicherheit und des öffentlichen Verkehrs,
die Sicherung und Ordnung der Oberflächennutzung und Gestaltung der Landschaft während des Bergwerksbetriebes und nach dem Abbau,[3]
den Schutz gegen gemeinschädliche Einwirkungen des Bergbaues.

1. a) Die Ergänzung des § 196 Abs. 2 ist erst in der dritten Lesung in das 4. Bergrechtsänderungsgesetz aufgenommen worden. Sie soll nach dem Willen des Gesetzgebers eindeutig klarstellen, daß die Aufsicht der Bergbehörde über stillgelegte Schächte auch nach der Einstellung des Bergwerksbetriebes fortbesteht. Vgl. Niederschrift über die 94. Sitzung des Landtags NW, 6. Wahlperiode Bd. 2 S. 1261. Daraus geht hervor, daß mit der Gesetzesänderung keine sachliche oder räumliche Ausdehnung der Bergaufsicht beabsichtigt war, sondern lediglich eine Klarstellung bezüglich der **zeitlichen** Fortdauer der Bergaufsicht. Die Zuständigkeit der Bergbehörde für den laufenden Bergwerksbetrieb ist durch das Änderungsgesetz nicht angesprochen worden. Auch der Zusatz „und nach dem Abbau" kann nicht die Wirkung haben, daß nach der Einstellung des Bergbaus räumliche Bereiche unter die Bergaufsicht fielen, die vorher nicht dazu gehörten.

b) Wenn beispielsweise an einer öffentlichen Straße außerhalb des Zechengeländes durch Bergsenkungen während des Bergwerksbetriebes eine Gefahr für die öffentliche Sicherheit entsteht, so ist die Bergbehörde nicht zur Sperrung und ersten Sicherung der Straße befugt, weil diese nicht im Bereich der Bergaufsicht liegt. Vgl. dazu die Ausführungen auf S. 343 ff. des Hauptbandes. Nicht anders ist die Rechtslage nach Beendigung des Bergbaus. — Erweist es sich allerdings als notwendig, eine solche Gefahrenstelle etwa durch Verfüllung dauerhaft zu sichern, und ist ein Bergwerksbesitzer vorhanden, der hierzu herangezogen werden kann, so ist für den Erlaß einer gegen diesen gerichteten Anordnung die Bergbehörde zuständig, und zwar unabhängig davon, ob noch ein Bergwerksbetrieb stattfindet oder ob er eingestellt wurde. Vgl. den auf S. 80 abgedruckten RdErl. v. 18. 7. 1968 betr. Überprüfung verlassener Grubenbaue des Bergbaus.

c) Tritt an der Erdoberfläche infolge des Bergbaus eine Gefahr für die persönliche Sicherheit oder den öffentlichen Verkehr an einer Stelle auf, die selbst der Bergaufsicht unterliegt, also im eigentlichen Bergwerksgelände, so hat die Bergbehörde von Anfang an sämtliche Sicherungsmaßnahmen dem Bergwerksbesitzer aufzuerlegen. Das gilt sowohl für die Zeit während des Bergwerksbetriebes als auch nach der Betriebseinstellung.

2. In der Rechtsprechung ist mit Recht darauf hingewiesen worden, daß die Zuständigkeit der Bergbehörde für die Zeit nach dem Abbau nicht unbeschränkt fortdauern kann. Vgl. OVG Münster, U. v. 27. 1. 1965, ZfB Bd. 106 S. 482 ff. (495), OVGE 21 S. 76 ff.; OVG Koblenz, U. v. 18. 3. 1965, ZfB Bd. 107 S. 334 (335). Hierzu ist folgendes zu bemerken:

a) Nach § 71 hat der Bergwerksbesitzer eine Betriebseinstellung rechtzeitig dem Bergamt anzuzeigen und für die erforderlichen Abschlußarbeiten unverzüglich einen Betriebsplan vorzulegen. Es ist unstreitig, daß die Bergaufsicht bis zur Beendigung der Maßnahmen auf Grund des Abschlußbetriebsplans bestehen bleibt und daß die Bergbehörde insbesondere die Erfüllung der bei Zulassung des Abschlußbetriebsplans gestellten Bedingungen und Auflagen zu überwachen hat. OVG Münster, ZfB Bd. 106 S. 496; Erl. d. Innenmin. NW betr. die Abgrenzung der Zuständigkeit zwischen Ordnungsbehörden und Bergbehörde v. 13. 8. 1963, ZfB Bd. 105 S. 390. Das OVG Münster hat in der angegebenen Entscheidung betont, daß die Pflicht des Bergwerksbesitzers zur Erfüllung der Bedingungen des Abschlußbetriebsplans auch bei einem zwischenzeitlichen Verlust des Bergwerkseigentums nicht entfällt. Das Gericht steht auf dem Standpunkt, daß die Bergaufsicht ebenfalls über den Untergang des Bergwerkseigentums hinaus fortbesteht, soweit es sich noch um die Verwirklichung von Maßnahmen handelt, die auf Grund der Betriebspläne von dem bisherigen Bergwerkseigentümer gefordert werden können (ZfB Bd. 106 S. 496). Diese Auffassung entspricht durchaus den mit dem 4. Änderungsgesetz verfolgten Zielen, s. die Neufassung des § 160 Abs. 2.

b) Umstritten war nach bisherigem Recht die Frage, ob eine Zuständigkeit der Bergbehörde auch dann noch gegeben ist, wenn nach Durchführung des Abschlußbetriebsplans eine durch den Bergbau bedingte Gefahr für die persönliche Sicherheit oder den öffentlichen Verkehr an der Erdoberfläche auftritt oder wenn eine solche Gefahr durch Grubenbaue verursacht wird, die zu einer Zeit stillgelegt wurden, als ein Abschlußbetriebsplan im heutigen Sinne noch nicht bekannt war. § 71 Abs. 3 ist erst 1950 eingeführt worden!

Das OVG Münster hat die bergbehördliche Zuständigkeit in solchen Fällen bisher verneint, vgl. z. B. Beschl. v. 23. 11. 1954, ZfB Bd. 96 S. 81; U. v. 27. 1. 1965, ZfB Bd. 106 S. 482 (495). Es berief sich dabei insbesondere auf die Tatsache, daß in § 196 Abs. 2 im Zusammenhang mit dem Schutz der Oberfläche im Interesse der persönlichen Sicherheit und des öffentlichen Verkehrs die Worte „während des Bergwerksbetriebes und nach dem Abbau" nicht verwendet wurden. Dieser Mangel ist durch das 4. Bergrechtsänderungsgesetz behoben worden. — Abweichend vom OVG Münster hat das OVG Koblenz in Übereinstimmung mit der hier vertretenen Meinung den Standpunkt eingenommen, daß sich die Bergaufsicht nicht auf die unmittelbare Überwachung des laufenden Betriebes beschränkt, sondern daß auch diejenigen Folgen des Betriebes, die erst nach dessen Stillegung in Erscheinung treten, von der Bergbehörde zu berücksichtigen sind. Vor allem die Überwachung unverfüllter Schächte unterliegt hiernach der Zuständigkeit der Bergbehörde. OVG Koblenz, U. v. 18. 3. 1965, ZfB Bd. 107 S. 334.

c) Der Gesetzgeber hat nunmehr in Nordrhein-Westfalen klargestellt, daß sich die Bergaufsicht auch auf die Verhütung von Gefahren durch alte Grubenbaue erstreckt. Befinden sich solche Grubenbaue und Gefahrenstellen auf Bergwerksgelände, d. h. im Besitz des Bergbautreibenden, so unterliegen sie nach wie vor der Bergaufsicht, und die Bergbehörde hat dem Bergwerksbesitzer, zugleich als Grundbesitzer, entsprechend dem oben unter 1 b) Gesagten die erforderlichen Auflagen zur Beseitigung des gefahrdrohenden Zustandes zu machen. — Befindet sich dagegen das Grundstück, auf dem die Gefährdung eintritt, nicht mehr im Besitz oder Eigentum des Bergbautreibenden, so ist es zwar aus der Bergaufsicht ausgeschieden, vgl. OVG Münster, Beschl. v. 23. 11. 1954, ZfB Bd. 96 S. 81; das besagt aber nicht, daß die Bergbehörde damit außerstande sei, gegen den Bergwerksbesitzer eine Anordnung zur Gefahrenabwehr zu erlassen. Hier finden vielmehr die Ausführungen zu 1a Anwendung, d. h. die Behörden haben die Möglichkeit, entweder den Grundstückseigentümer auf Grund seiner Zustandshaftung nach § 18 OBG oder den Bergbautreibenden infolge seiner Handlungshaftung gemäß § 17 OBG in Anspruch zu nehmen. Dabei muß davon ausgegangen werden, daß eine Verfügung gegen den Grundstückseigentümer nur von der allgemeinen Ordnungsbehörde erlassen werden kann, weil das Grundstück als solches nicht mehr der Bergaufsicht unterliegt. Dagegen ist die Bergbehörde für die an den Bergwerksbesitzer zu richtenden Anordnungen zuständig, da diese ihre Ursache noch im Bergwerksbetrieb haben. In den Fällen, in denen der Bergbautreibende als Verursacher einer Störung aus dem Gesichtspunkt der Handlungshaftung im Sinne von § 17 OBG in Anspruch genommen werden kann, kommt es auf den Fortbestand des Bergwerkseigentums nicht mehr an. Lediglich die Haftung für einen ordnungswidrigen Zustand des Bergwerkseigentums nach § 18 OBG endet mit dessen Aufhebung. - Für die Beseitigung von Schäden durch Grundeigentümerbergbau, der unter Bergaufsicht gestanden hat, ist die Bergbehörde zuständig, sofern der Verursacher noch herangezogen werden kann. Anordnungen gegen einen Grundstückseigentümer, der das Grundstück erst nach Beendigung des Abbaus erworben hat, sind von der allgem. Ordnungsbehörde zu treffen.

3. Im *Saarland* ist durch das Bergrechtsänderungsgesetz v. 5. 7. 1967 entsprechend der in Nordrhein-Westfalen bereits 1950 vorgenommenen Änderung in § 196 Abs. 2 hinzugefügt worden, daß auch die Sicherung und Ordnung der Oberflächen-

nutzung und Gestaltung der Landschaft während des Bergwerksbetriebs und nach dem Abbau zu den polizeilichen Aufgaben der Bergbehörde gehört. Nach der amtlichen Begründung des Gesetzes gilt die Verpflichtung zu einer sorgfältigen Rekultivierung nicht nur bei der Stillegung von Betriebsanlagen, sondern auch bei der Begrünung von Halden und Schlammweihern und bei der Anlage von Grünstreifen rings um Betriebsanlagen. LT-Drucks. Nr. 201 S. 12.

§ 196 a

(1) Für bergbauliche Versuchsstrecken gelten die §§ 67 bis 71, 73 bis 77 und die Vorschriften des VIII. und IX. Titels des Allgemeinen Berggesetzes entsprechend.

(2) Auf sonstige bergbauliche Versuchsanstalten können die im Abs. 1 aufgeführten Bestimmungen oder einzelne derselben durch Verordnung des Ministers für Wirtschaft, Mittelstand und Verkehr für entsprechend anwendbar erklärt werden.

§ 197

(1) Die Oberbergämter sind befugt, für den ganzen Umfang oder für einzelne Teile ihres Verwaltungsbezirks Bergverordnungen über die im § 196 bezeichneten Gegenstände zu erlassen. Sie sind verpflichtet zu prüfen, ob mit Rücksicht auf die den Gesundheitszustand der Arbeiter beeinflussenden Betriebsverhältnisse eine Festsetzung der Dauer, des Beginnes und des Endes der täglichen Arbeitszeit geboten ist. Gegebenenfalls trifft das Oberbergamt ... die hierzu erforderlichen Festsetzungen für den Oberbergamtsbezirk oder Teile desselben und erläßt die zur Durchführung erforderlichen Anordnungen. Aus besonderen Gründen können einzelne Bergwerke auf ihren Antrag durch das Oberbergamt von der Beobachtung dieser Vorschriften ganz oder teilweise, dauernd oder zeitweise entbunden werden.

(2) In den Bergverordnungen kann vorgeschrieben werden, daß

a) bestimmte Arbeiten, Anlagen, Betriebsmittel oder die Verwendung von Stoffen an Stelle der Betriebsplanzulassung einer Erlaubnis durch das Oberbergamt bedürfen,[1]

b) bestimmte Anlagen, Betriebsmittel oder Stoffe vor der Betriebsplanzulassung einer Zulassung durch das Oberbergamt bedürfen, die auch allgemein ausgesprochen und vom Hersteller beantragt werden kann.[2]

Bei Erteilung einer Erlaubnis nach Buchstabe a ist § 68 Abs. 3 entsprechend anzuwenden.

(3) Die Bergverordnungen sind im Amtsblatt des Regierungspräsidenten zu verkünden, in dessen Bezirk sie gelten sollen.[3]

(4) Vor dem Erlaß von Bergverordnungen, die für die Sicherheit des Lebens und der Gesundheit der Beschäftigten von Bedeutung sind, ist die zuständige Berufsgenossenschaft zu hören.

Im Saarland ist ein neuer Absatz 5 mit folgender Fassung angefügt worden:[4]

(5) Soweit es zur Aufsicht der Oberbergämter über die Markscheider und zum Schutz der in § 196 genannten Rechtsgüter erforderlich ist, kann der Wirtschaftsminister durch Rechtsverordnung bestimmen,

a) welchen Anforderungen markscheiderische Arbeiten genügen müssen,

b) welche Aufzeichnungen über markscheiderische Arbeiten anzufertigen sind,

c) wie markscheiderische Unterlagen zu behandeln, insbesondere aufzubewahren sind,

d) welche Anzeigen zu erstatten und welche Auskünfte dem Oberbergamt zu erteilen sind,

e) welcher behördlichen Überprüfung sich die Markscheider zu unterwerfen haben. Für solche Überprüfungen wird das Grundrecht des Art. 13 des Grundgesetzes hinsichtlich der Unverletzlichkeit der Wohnung eingeschränkt.

1. Das 4. Bergrechtsänderungsgesetz hat die Regelung von Einzelfällen (Betriebsplanverfahren, bergbehördliche Anordnungen) zwar generell auf die Bergämter verlagert; es wird aber auch in Zukunft notwendig bleiben, daß bestimmte Arbeiten, Anlagen, Betriebsmittel oder Stoffe einer Prüfung durch das Oberbergamt unterworfen werden. Das gilt insbesondere für solche Anlagen oder Betriebsvorgänge, die einerseits für die Sicherheit besondere Bedeutung haben, andererseits aber nicht so häufig vorkommen, daß jedes Bergamt auf Grund eigener Erfahrungen die nötige Sachkenntnis zu einer erschöpfenden Beurteilung ihrer Gefährlichkeit und der Voraussetzungen für ihre Zulassung hat. Dazu können z. B. auch technische Neuerungen gehören, über deren praktische Bewährung im Bergwerksbetrieb noch keine ausreichenden Erkenntnisse vorliegen, deren Einführung im Bergbau aber im Interesse der fortschreitenden technischen Entwicklung ermöglicht werden soll. Deshalb ist in § 197 Abs. 2 die Ermächtigung erteilt worden, durch Bergverordnung bestimmte Arbeiten, Anlagen oder Betriebsmittel sowie die Verwendung bestimmter Stoffe von einer Erlaubnis des Oberbergamtes abhängig zu machen. Um die Durchführung von zwei behördlichen Verfahren in solchen Fällen zu vermeiden, wurde bestimmt, daß die Erlaubnis des Oberbergamts die Betriebsplanzulassung durch das Bergamt ersetzt. Berührt eine solche Erlaubnis den Geschäftsbereich anderer Behörden, so findet für deren Erteilung § 68 Abs. 3 entsprechende Anwendung. Das Oberbergamt hat also im Einvernehmen mit den zu beteiligenden Fachaufsichtsbehörden zu entscheiden.

2. In § 197 Abs. 2 Buchstabe b) wird die Ermächtigung erteilt, durch Bergverordnung vorzuschreiben, daß bestimmte Anlagen, Betriebsmittel oder Stoffe einer Zulassung durch das Oberbergamt bedürfen. Dabei ist vor allem an die Bauartzulassung serienmäßig hergestellter Anlagen und Betriebsmittel, z. B. Grubenlokomotiven, gedacht, sowie an die Zulassung bestimmter chemischer Stoffe, deren Verwendung im Bergbau mit Gefahren für die Betriebssicherheit oder die Gesundheit der Beschäftigten verbunden sein könnte. In diesen Fällen tritt die Zustimmung des Oberbergamts nicht an die Stelle der Betriebsplanzulassung, sondern bildet eine Voraussetzung hierfür. Dieses Verfahren stellt insofern eine Erleichterung der Betriebsplanzulassung dar, als die Bergämter von einer Prüfung der Konstruktion der vom Oberbergamt zugelassenen Anlagen und Betriebsmittel oder der Zusammensetzung der zugelassenen Stoffe im Einzelfall absehen können. Die Betriebsplanprüfung kann sich vielmehr im wesentlichen auf die besonderen Verhältnisse des jeweiligen Einsatzortes beschränken. Der Erleichterung des Verfahrens dient auch die Vorschrift, daß die Zulassung nicht nur vom Verwender, sondern auch vom Hersteller beantragt werden kann.

In diesem Zusammenhang ist auf das Gesetz über technische Arbeitsmittel v. 24. 6. 1968 (BGBl. I S. 717) hinzuweisen. Dieses Gesetz gilt gemäß § 1 Abs. 2 Nr. 5 nicht für technische Arbeitsmittel, die ihrer Bauart nach ausschließlich zur Verwendung in den der Aufsicht der Bergbehörden unterliegenden Betrieben bestimmt sind.

Im übrigen bleiben die Vorschriften der Bergverordnungen, auch soweit sie Arbeitsmittel betreffen, die nicht ausschließlich im Bergbau Verwendung finden, nach § 1 Abs. 3 des Gesetzes von diesem unberührt.

3. Gelten die Bergverordnungen in den Bezirken mehrerer Regierungspräsidenten, sind sie im vollen Wortlaut in allen Amtsblättern zu veröffentlichen. Die Verordnung über die Verkündung von Bergpolizeiverordnungen v. 6. 10. 1944 (RGBl. I S. 255) — vgl. Hauptband S. 885 — ist durch Art. VI des Vierten Gesetzes zur Änderung berggesetzlicher Vorschriften im Lande Nordrhein-Westfalen v. 11. 6. 1968 (GV. NW. S. 201) aufgehoben worden, siehe S. 79.

4. Vgl. die entsprechende Regelung in § 191 nordrh.-westf. Fassung.

§ 198

Tritt auf einem Bergwerk hinsichtlich der in § 196 bezeichneten Gegenstände eine Gefahr ein, so hat die Bergbehörde[1] die erforderlichen Anordnungen[2] durch Ordnungsverfügung[3] zu treffen.[4, 5]

1. Das 4. Bergrechtsänderungsgesetz hat nicht nur für das Betriebsplanverfahren, sondern auch für die bergaufsichtlichen Anordnungen eine klare Zuständigkeitsregelung getroffen. Ebenso wie die präventive Prüfung bergbaulicher Arbeiten im Betriebsplanverfahren soll auch das repressive Einschreiten der Bergbehörde im Gefahrenfalle allein dem Bergamt (§ 189 Abs. 1) vorbehalten bleiben.

2. Durch die Gesetzesänderung ist nunmehr eindeutig klargestellt, daß die Anordnungen der Bergbehörde zur Abwehr von Gefahren nach § 198 Ordnungsverfügungen im Sinne des Ordnungsbehördengesetzes sind. Da das ABG keine eigenen Sonderregelungen für diese Anordnungen mehr enthält, finden gem. § 12 Abs. 2 OBG ausschließlich die Vorschriften dieses Gesetzes über Ordnungsverfügungen Anwendung. Dazu gehören vor allem Bestimmungen des § 20 OBG über die Form von Ordnungsverfügungen. Nach § 20 Abs. 1 Satz 1 OBG bedarf es grundsätzlich der Schriftform, lediglich bei Gefahr im Verzug ist nach Abs. 1 Satz 2 auch eine mündliche Anordnung zulässig, die aber auf Verlangen schriftlich bestätigt werden muß. Solche mündlichen Anordnungen kommen etwa bei akuten Gefahren im Untertagebetrieb in Betracht. Eine nachträgliche schriftliche Bestätigung ist immer dann angebracht, wenn die Angelegenheit auf Grund der mündlichen Verfügung nicht zweifelsfrei als erledigt angesehen werden kann. Zur Vermeidung von Unklarheiten hinsichtlich Form, Inhalt und anwendbarer Rechtsmittel sollen die schriftlichen Anordnungen ausdrücklich als „Ordnungsverfügungen" bezeichnet werden. Nr. 20.1 der Verwaltungsvorschrift zur Durchführung des Ordnungsbehördengesetzes, RdErl. d. Innenmin. NW v. 1. 12. 1956 (MBl. NW. S. 2341/SMBl. NW. 2060). Ordnungsverfügungen müssen nach § 20 Abs. 2 Satz 1 OBG inhaltlich hinreichend bestimmt sein, d. h. der Betroffene muß aus der Verfügung sicher und eindeutig erkennen können, was von ihm verlangt wird. Die Verfügung muß so klar sein, daß sie als Grundlage für eine zwangsweise Durchsetzung dienen kann, ohne daß eine weitere erläuternde Verfügung notwendig wird. Vgl. VGH Mannheim, U v. 11. 2. 1965, DVBl. 1965 S. 776; OVG Münster, U. v. 8. 9. 1954, OVGE 9 S. 103.

Nach § 20 Abs. 3 OBG müssen schriftliche Ordnungsverfügungen den Grund ihres Erlasses und ihre Rechtsgrundlage erkennen lassen und eine Rechtsmittelbelehrung enthalten. Es ist also eine kurze Darstellung des Sachverhalts erforderlich, der die Veranlassung für die behördliche Anordnung gegeben hat. — Als Rechtsgrundlage ist bei bergbehördlichen Anordnungen neben § 198 ABG auch § 14 OBG anzuführen. Es handelt sich nämlich um eine sog. selbständige Ordnungsverfügung, die der Abwehr einer im Einzelfalle bestehenden Gefahr dient. Vgl. hierzu die Ausführungen im Hauptband S. 370 ff. Durch die Neufassung der §§ 198 ff. ist die Befugnis zum Erlaß unselbständiger Ordnungsverfügungen, d. h. solcher Verfügungen, die der Ausführung einer ordnungsbehördlichen Rechtsnorm dienen, nicht berührt werden. Bei ihnen ist das Vorliegen einer konkreten Gefahr nicht erforderlich. Vgl. im Hauptband S. 372.

3. a) Die Vorschriften des Ordnungsbehördengesetzes sind auch für die Beantwortung der Frage maßgebend, gegen wen eine Anordnung nach § 198 zu richten ist. Nach § 16 OBG dürfen die Ordnungsbehörden die Maßnahmen, die durch das ordnungswidrige Verhalten von Personen oder den ordnungswidrigen Zustand von Sachen erforderlich werden, abgesehen von dem Ausnahmefall des § 19 OBG, nur gegen diejenigen Personen richten, die für das ordnungsgemäße Verhalten oder den ordnungsgemäßen Zustand verantwortlich (ordnungspflichtig) sind. Das ist im Bereich der Bergaufsicht in erster Linie der Bergwerksbesitzer, dem gem. § 73 AGB in der nordrh.-westf. Fassung die verantwortliche Leitung des Bergwerksbetriebes, insbesondere die Sorge für Sicherheit und Ordnung im Betrieb obliegt.

b) Die Verantwortlichkeit des Bergwerksbesitzers ergibt sich auch aus den Bestimmungen des OGB, und zwar sowohl aus § 17 wie aus § 18 OGB. — Nach § 17 Abs. 1 OGB sind ordnungsbehördliche Maßnahmen, die durch das Verhalten von Personen erforderlich werden, gegen die Personen zu richten, die die Gefahr oder die Störung verursacht haben (Handlungsstörer). Wenn eine Person bei der Ausführung einer Verrichtung zum Handlungsstörer wird, so ist nach § 17 Abs. 3 OBG auch derjenige ordnungspflichtig, der diese Person zu der Verrichtung bestellt hat. Der Bergwerksbesitzer haftet somit für eigenes Handeln sowie für dasjenige der von ihm bestellten Personen, und zwar neben diesen selbst. — Nach § 18 OBG ist unter dem Gesichtspunkt der sogenannten Zustandshaftung der Eigentümer einer Sache für deren ordnungsmäßigen Zustand verantwortlich, neben ihm haftet der Inhaber der tatsächlichen Gewalt. In dieser Eigenschaft kann der Bergwerksbesitzer bei einem ordnungswidrigen Zustand der Bergwerksanlagen einschließlich der Betriebsgrundstücke und Grubenbaue in Anspruch genommen werden. Nach Aufhebung des Bergwerkseigentums entfällt die Zustandshaftung des Bergwerkseigentümers, sofern er nicht zugleich Grundbesitzer ist. Die Handlungshaftung desjenigen, der den Bergbau betrieben hat (Bergwerkseigentümer oder Betreiber), wird dagegen durch die Aufhebung des Bergwerkseigentums nicht berührt.

c) Tritt durch Bergbaueinwirkungen eine Gefährdung der öffentlichen Sicherheit an einem Grundstück ein, das nicht oder nicht mehr im Besitze des Bergbautreibenden steht, trifft die Zustandshaftung den Grundeigentümer oder -besitzer. Dieser kann jedoch von der Bergbehörde nicht in Anspruch genommen werden, es sei denn, das Grundstück steht unter Bergaufsicht.

4. a) Wer auf Grund des § 196 durch eine Anordnung nach § 198 ABG oder durch Ordnungsverfügung nach § 14 OBG in Anspruch genommen werden darf — der Bergwerkseigentümer, der Betreiber, eine nach § 74 bestellte Person oder ein sonstiger im Bergwerksbetrieb Beschäftigter oder etwa der Oberflächeneigentümer — hängt davon ab, wer im konkreten Fall aus dem Gesichtspunkt der Handlungs- oder Zustandshaftung ordnungspflichtig ist. OVG Münster, U. v. 5. 6. 1963, ZfB Bd. 105 S. 100. Sind für eine Störung mehrere Personen wegen ihrer Verantwortung für das eigene Verhalten (§ 17 Abs. 1 OBG), für das Verhalten der von ihnen bestellten Personen (§ 17 Abs. 3 OBG) oder für den Zustand von Sachen (§ 18 OBG) ordnungspflichtig, so entscheidet die Ordnungsbehörde nach pflichtgemäßem Ermessen unter Beachtung des in § 15 OBG verankerten Grundsatzes der Verhältnismäßigkeit, an welchen Störer sie sich wenden will. Nr. 16 der Verwaltungsvorschrift zur Durchführung des OBG v. 1. 12. 1956 (MBl. NW. S. 2341). Nach der Rechtsprechung handelt die Ordnungsbehörde sachgemäß, wenn sie unter mehreren Störern denjenigen auf Beseitung der Störung in Anspruch nimmt, der die Störungen am schnellsten und am wirksamsten zu beseitigen in der Lage ist. Kommt diese Erwägung nicht in Betracht, so entspricht es

der Billigkeit, den Verursacher der Gefahr vor dem Eigentümer und Gewaltinhaber der Sache in Anspruch zu nehmen. OVG Münster, U. v. 3. 10. 1963, OVGE 19 S. 101, DVBl. 1964 S. 683; vgl. auch OVG Münster, U. v. 27. 1. 1965, ZfB Bd. 106 S. 482 (494).

b) Eine Anhörung des Bergwerksbesitzers vor Erlaß einer Anordnung nach § 198 ist im Berggesetz nicht mehr ausdrücklich vorgeschrieben. Nach dem allgemein gültigen Grundsatz des rechtlichen Gehörs sollte das Bergamt ihm jedoch Gelegenheit geben, sich zu den vorgesehenen Maßnahmen zu äußern, zumal der Betroffene ohnehin gem. § 21 OBG nachher die Möglichkeit hat, einen Austausch der in der Ordnungsverfügung angedrohten oder festgesetzten Mittel zu beantragen. Vgl. dazu BVerwG, U. v. 8. 11. 1957, DVBl. 1958 S. 174, U. v. 6. 3. 1959, DVBl. 1959 S. 777; Ule in DVBl. 1963 S. 476.

5. Da die §§ 200 bis 202 durch das 4. Bergrechtsänderungsgesetz aufgehoben worden sind, enthält das ABG keine Bestimmungen mehr über die Bekanntmachung und die Vollziehung der bergbehördlichen Anordnungen. Es finden nunmehr also auch insoweit die allgemein für Ordnungsverfügungen geltenden Vorschriften Anwendung. Grundsätzlich bedürfen Ordnungsverfügungen zu ihrer Wirksamkeit der Bekanntgabe an den Betroffenen in schriftlicher oder — bei Gefahr im Verzuge — mündlicher Form. OVG Münster, ZfB Bd. 106 S. 490. Richtet sich die Anordnung des Bergamts an den Bergwerksbesitzer, so genügt es, wenn diesem die Ordnungsverfügung zugeht. Enthält sie Anweisungen, die auch für die Aufsichtspersonen oder sonstige im Bergwerksbetrieb Beschäftigte von Bedeutung sind, so hat der Bergwerksbesitzer dafür zu sorgen, daß diese davon Kenntnis erhalten. Das bisher in § 200 Abs. 2 vorgeschriebene „Zechenbuch" wird nicht mehr im Gesetz erwähnt. Es bestehen keine Bedenken, daß der Bergwerksbesitzer ein vorhandenes Zechenbuch weiterhin für Bekanntmachungen an die Aufsichtspersonen verwendet.

6. a) Für die Durchsetzung der Anordnungen nach § 198 sind die Vorschriften des Verwaltungsvollstreckungsgesetzes (VwVGNW) v. 23. 7. 1957 (GV.NW. S. 216) i.d.F. d. Ges. v. 22. 5. 1962 (GV.NW. S. 263) maßgebend. Voraussetzung für die Anwendung eines Zwangsmittels ist nach § 55 Abs. 1 VwVG NW, daß die Ordnungsverfügung unanfechtbar ist oder die aufschiebende Wirkung eines Rechtsbehelfs nach § 80 Abs. 2 VwGO entfällt. Beim Auftreten einer Gefahr für die Sicherheit im Bergwerksbetrieb wird es in der Regel nicht möglich sein, den Vollzug einer bergbehördlichen Anordnung bis zu deren Unanfechtbarkeit zurückzustellen. Deshalb empfiehlt es sich, daß das Bergamt die sofortige Vollziehung der Ordnungsverfügung gem. § 80 Abs. 2 Nr. 4 VwGO anordnet. Dabei müssen die Umstände, die im Einzelfall das öffentliche Interesse an der sofortigen Vollziehung begründen, dargelegt werden.

b) Zwangsmittel sind die Ersatzvornahme, das Zwangsgeld und der unmittelbare Zwang. Zum unmittelbaren Zwang gehört auch die Selbstvornahme einer Handlung durch die Vollzugsbehörde mit eigenen Kräften oder unter Inanspruchnahme der Polizei. Bei der selbständigen Durchführung eines Auftrags der Behörde durch Dritte (Werkvertrag) handelt es sich jedoch um eine Ersatzvornahme. Vogel, Komm. z. VwVG NW, § 61 Anm. 1 und 5. Das gewählte Zwangsmittel muß in einem angemessenen Verhältnis zu seinem Zweck stehen, § 58 VwVG NW. Ein Zwangsmittel kann grundsätzlich nur angewendet werden, wenn es vorher schriftlich angedroht wurde. Hierbei ist für die Erfüllung der Verpflichtung eine Frist zu bestimmen, innerhalb der der Vollzug dem Pflichtigen billigerweise zugemutet werden kann. Die Androhung soll gem. § 62 Abs. 2 Satz 2 VwVG NW mit dem zu vollziehenden Verwaltungsakt verbunden werden, wenn dessen sofortige Vollziehung nach § 80 Abs. 2 VwGO angeordnet ist, was bei den bergbehördlichen Anordnungen nach § 198, soweit sie die Sicherheit des Betriebes betreffen, regelmäßig der Fall sein dürfte.

c) Nach § 55 Abs. 2 VwVG NW kann der Verwaltungszwang ausnahmsweise bereits angewendet werden, ohne daß ein Verwaltungsakt vorausgegangen und ohne daß ein

Zwangsmittel angedroht und festgesetzt worden ist, wenn der sofortige Vollzug zur Verhinderung strafbarer Handlungen oder zur Abwendung einer drohenden Gefahr notwendig ist und die Behörde hierbei innerhalb ihrer gesetzlichen Befugnisse handelt. Die Anwendung des Verwaltungszwangs durch sofortigen Vollzug nach § 55 Abs. 2 ist jedoch unzulässig, wenn es zur Beseitigung der Gefahr ausreicht, eine Ordnungsverfügung, gegebenenfalls mit der Anordnung der sofortigen Vollziehung, zu erlassen. OVG Münster, U. v. 27. 1. 1965, ZfB Bd. 106 S. 482 (493).

d) Die Erhebung von Gebühren und die Erstattung der bei der Ausübung des Verwaltungszwangs entstehenden Auslagen an die Behörde sind in der Kostenordnung zum Verwaltungsvollstreckungsgesetz v. 20. 1. 1958 (GV NW S. 23) i. d. F. der VO v. 23. 6. 1962 (GV NW S. 429) u. v. 9. 3. 1966 (GV NW S. 105) geregelt. Nach § 11 Abs. 2 Nr. 7 der Kostenordnung hat der Pflichtige der Vollzugsbehörde Beträge, die bei der Ersatzvornahme oder bei Anwendung unmittelbaren Zwangs an Beauftragte und an Hilfspersonen zu zahlen sind, als Auslagen zu erstatten. Hat der Bergwerksbesitzer bei der Betriebsplanzulassung gem. § 68 Abs. 2 ABG eine Sicherheit geleistet, so kann das Bergamt diese nötigenfalls zur Befriedigung ihres Anspruchs auf Auslagenersatz verwerten, § 54 VwVG NW.

§§ 199 bis 202

aufgehoben durch Art. I Nr. 16 des Vierten Gesetzes zur Änderung berggesetzlicher Vorschriften im Lande Nordrhein-Westfalen v. 11. 6. 1968 (GV. NW. S. 201). Bekanntmachung und Vollstreckung der bergbehördlichen Anordnungen richten sich nach den für Ordnungsverfügungen geltenden Vorschriften, vgl. § 198 Anm. 5 und 6.

Im Saarland sind in § 200 Abs. 2 die Worte „an die Betriebsführer und die Grubenbeamten" durch die Worte „an die nach § 74 bestellten Personen" ersetzt worden.

§ 203

Sobald auf einem Bergwerk eine Gefahr hinsichtlich der in § 196 bezeichneten Gegenstände eintritt, ist dem Bergamt hiervon Anzeige zu machen.[1] Der Bergwerksbesitzer hat Vorsorge zu treffen, daß die Anzeige unverzüglich erstattet wird.[2]

Im **Saarland** tritt an die Stelle des Wortes „unverzüglich" das Wort „sofort".

1. Welche Gefahrenfälle dem Bergamt im einzelnen anzuzeigen sind, wird in den Bergverordnungen oder durch Rundverfügungen der Bergämter genauer festgelegt. — Die Meldung von Unfällen, Schadensfällen und besonderen Ereignissen durch das Bergamt an das Oberbergamt, das Wirtschaftsministerium und sonstige Stellen ist in Abschnitt 2 der Richtlinien für die Untersuchung von Unfällen, Schadensfällen und besonderen Ereignissen sowie für die Erforschung strafbarer Handlungen durch die Bergämter v. 1. 3. 1968 (MBl. NW S. 656) geregelt.

2. Trifft der Bergwerksbesitzer diese Vorsorge nicht, so handelt er nach § 207 ordnungswidrig. Die Vorsorgepflicht gilt auch für die Anzeige von Unglücksfällen, welche den Tod oder die schwere Verletzung einer oder mehrerer Personen zur Folge hatten, da in § 204 auf § 203 Bezug genommen wird.

Zweiter Abschnitt

Von dem Verfahren bei Unglücksfällen

§ 204

Ereignet sich auf einem Bergwerke unter oder über Tage ein Unglücksfall, der den Tod oder die schwere Verletzung einer oder mehrerer Personen herbeigeführt hat, so sind die im § 203 genannten Personen zur sofortigen Anzeige an das Bergamt und an die nächste Polizeibehörde verpflichtet.

Im Saarland:

Ereignet sich auf einem Bergwerke unter oder über Tage ein Unglücksfall, welcher den Tod oder die schwere Verletzung einer oder mehrerer Personen herbeigeführt hat, so sind der Bergwerksbesitzer oder die von ihm bestellten Personen zur sofortigen Anzeige an das Bergamt und an die nächste Polizeibehörde verpflichtet.

§ 205

(1) Das Bergamt ordnet die zur Rettung der verunglückten Personen oder zur Abwendung weiterer Gefahr erforderlichen Maßregeln an.

(2) Die zur Ausführung dieser Maßregeln notwendigen Arbeiter und Hilfsmittel hat der Besitzer des Bergwerks zur Verfügung zu stellen.

(3) Die Besitzer benachbarter Bergwerke sind zur Hilfeleistung verpflichtet.

§ 206

Sämtliche Kosten für die Ausführung der im § 205 bezeichneten Maßregeln trägt der Besitzer des betreffenden Bergwerks, vorbehaltlich des Rückgriffanspruchs gegen Dritte, welche den Unglücksfall verschuldet haben.

Dritter Abschnitt

Straftaten und Ordnungswidrigkeiten

§ 207

(1) Ordnungswidrig[1] handelt, wer vorsätzlich oder fahrlässig den Vorschriften der §§ 4, 10 Abs. 1, §§ 66, 67 Abs. 1 bis 3, §§ 69, 71, 72 Abs. 1 bis 3, §§ 73, 74, 74,[2] 75, 77, 78, 79, 93, 93c Abs. 1, §§ 93d, 93e, 163, 203, 204, 205 Abs. 2 und 3 zuwiderhandelt.[3] Ordnungswidrig handelt ferner, wer vorsätzlich oder fahrlässig einer auf Grund des § 197 erlassenen Bergverordnung oder einer auf Grund des § 76 oder des § 198 erlassenen Anordnung[4] zuwiderhandelt, sofern die Bergverordnung oder die Anordnung ausdrücklich auf diese Bußgeldvorschrift verweist.

(2) Die vorsätzlich begangene Ordnungswidrigkeit kann mit einer Geldbuße[5] bis zu fünfzigtausend Deutsche Mark, die fahrlässig begangene Ordnungswidrigkeit mit einer Geldbuße bis zu zehntausend Deutsche Mark geahndet werden.[6]

(3) Das Unterwerfungsverfahren nach § 67 des Gesetzes über Ordnungswidrigkeiten vom 25. März 1952 (BGBl. I S. 177) ist zulässig.[7]

Im Saarland:

§ 207

(1) Ordnungswidrig handelt, wer vorsätzlich oder fahrlässig den Vorschriften der §§ 4, 10 Abs. 1, §§ 66, 67 Abs. 1 und 2, §§ 69, 71, 72 Abs. 1 und 3, §§ 73, 74, 75 Abs. 1 und 3, §§ 77, 78, 79, 93, 93c Abs. 1, §§ 93d, 93e, 163, 200 Abs. 2 und 3, § 201 Abs. 1, §§ 203, 204, 205 Abs. 2 und 3 zuwiderhandelt. Ordnungswidrig handelt ferner, wer vorsätzlich oder fahrlässig einer auf Grund des § 197 erlassenen Rechtsvorschrift oder einer auf Grund der §§ 76, 198, 199 getroffenen bergpolizeilichen Anordnung zuwiderhandelt, sofern die Rechtsvorschrift oder die Anordnung ausdrücklich auf diese Bußgeldvorschrift verweist. Das Gesetz über Ordnungswidrigkeiten vom 25. März 1952 (Bundesgesetzbl. I S. 177) findet Anwendung.

(2) Die vorsätzlich begangene Ordnungswidrigkeit kann mit einer Geldbuße bis zu 50 000 DM, die fahrlässig begangene Ordnungswidrigkeit mit einer Geldbuße bis zu 10 000 DM geahndet werden.

(3) Das Unterwerfungsverfahren nach § 67 des Gesetzes über Ordnungswidrigkeiten ist zulässig.[7]

(4) Verwaltungsbehörde im Sinne des § 73 des Gesetzes über Ordnungswidrigkeiten ist das Oberbergamt. Dieses entscheidet auch über die Abänderung oder Aufhebung eines rechtskräftigen, gerichtlich nicht nachgeprüften Bußgeldbescheides (§ 66 Abs. 2 des Gesetzes über Ordnungswidrigkeiten).

(5) Die Verfolgung von Ordnungswidrigkeiten verjährt in drei Jahren.

1. Durch das 3. Bergrechtsänderungsgesetz NW und das saarl. Gesetz zur Änderung des ABG sind die in § 207 genannten Zuwiderhandlungen gegen berggesetzliche und bergbehördliche Bestimmungen zu Ordnungswidrigkeiten erklärt worden. Die Vorschrift bezweckt nach der amtl. Begr. eine weitere Entlastung der Staatsanwaltschaften und Gerichte von Bagatellfällen. LT.-Drucks. Nr. 370 S. 8. Die Bergämter haben jetzt die Möglichkeit, leichtere Verstöße gegen das Berggesetz oder bergbehördliche Vorschriften mit Geldbuße zu ahnden. Während im Strafrecht das Legalitätsprinzip gilt, also ein Verfolgungszwang besteht, liegt die Verfolgung von Ordnungswidrigkeiten nach § 47 Abs. 1 des Gesetzes über Ordnungswidrigkeiten (OWiG) v. 24. 5. 1968 (BGBl. I S. 481) im pflichtgemäßen Ermessen der Verfolgungsbehörde. Diese kann das Verfahren, solange es bei ihr anhängig ist, auch wieder einstellen, § 47 Abs. 1 Satz 2 OWiG.

2. Der Bergwerksbesitzer handelt hiernach ordnungswidrig, wenn er vorsätzlich oder fahrlässig die Pflicht, für Sicherheit und Ordnung im Betrieb zu sorgen, verletzt. Dazu gehört auch die Verpflichtung, nach § 74 eine ausreichende Anzahl geeigneter Aufsichtspersonen zu bestellen und deren Tätigkeit zu überwachen. Dasselbe gilt nach § 74 Abs. 3 für die bestellten Personen, sofern diese weitere Aufsichtspersonen zu bestellen und zu beaufsichtigen haben.

Die Bestimmung des § 207 Abs. 1 in Verbindung mit §§ 73, 74 ABG ist weitgehend gegenstandslos geworden durch § 33 des neuen Gesetzes über Ordnungswidrigkeiten, das ab 1. 10. 1968 in Kraft ist.

§ 33 OWiG:

Verletzung der Aufsichtspflicht in Betrieben und Unternehmen

(1) Wer als Inhaber eines Betriebes oder Unternehmens vorsätzlich oder fahrlässig die Aufsichtsmaßnahmen unterläßt, die erforderlich sind, um in dem Betrieb oder Unternehmen Zuwiderhandlungen gegen Pflichten zu verhindern, die den Inhaber als solchen treffen und deren Verletzung mit Strafe oder Geldbuße bedroht ist, handelt ordnungswidrig, wenn eine solche Zuwiderhandlung begangen wird, die durch gehörige Aufsicht hätte verhindert werden können. Zu den erforderlichen Aufsichtsmaßnahmen gehört auch die Bestellung, sorgfältige Auswahl und Überwachung von Aufsichtspersonen.

(2) Dem Inhaber eines Betriebes oder Unternehmens stehen gleich

1. sein gesetzlicher Vertreter,
2. die Mitglieder des zur gesetzlichen Vertretung berufenen Organs einer juristischen Person sowie die vertretungsberechtigten Gesellschafter einer Personenhandelsgesellschaft,
3. Personen, die beauftragt sind, den Betrieb oder das Unternehmen ganz oder zum Teil zu leiten, soweit es sich um Pflichten handelt, für deren Erfüllung sie verantwortlich sind.

(3) Betrieb oder Unternehmen im Sinne der Absätze 1 und 2 ist auch das öffentliche Unternehmen.

(4) Die Ordnungswidrigkeit kann, wenn die Pflichtverletzung mit Strafe bedroht ist, mit einer Geldbuße bis zu hunderttausend Deutsche Mark geahndet werden. Ist die Pflichtverletzung mit Geldbuße bedroht, so bestimmt sich das Höchstmaß der Geldbuße wegen der Aufsichtspflichtverletzung nach dem für die Pflichtverletzung angedrohten Höchstmaß der Geldbuße.

Die Verletzung der Aufsichtspflicht des Betriebsinhabers ist hiernach eine selbständige Ordnungswidrigkeit. Tatbestand der Aufsichtsverletzung gem. § 33 Abs. 1 OWiG ist nach der Gesetzesbegründung — BT-Drucks. V/1269 S. 70 — allein das Unterlassen der erforderlichen Aufsichtsmaßnahmen; daß es infolgedessen zu einer Zuwiderhandlung gegen betriebliche Pflichten durch einen anderen kommt, ist nur eine objektive Bedingung der Ahndung. Es muß sich um die Verletzung einer „betriebsbezogenen" Pflicht handeln. Die Verletzung der Pflicht muß mit Strafe oder Geldbuße bedroht sein. In § 33 Abs. 1 wird nicht vorausgesetzt, daß ein Betriebsangehöriger die Zuwiderhandlung begeht; es reicht vielmehr aus, daß in dem Betrieb eine Pflicht verletzt wird, die dem Inhaber des Betriebes obliegt. Der Handelnde kann auch jemand sein, der nur vorübergehend im Betrieb tätig ist. Entscheidend für eine Ahndung nach § 33 OWiG ist die Aufsichtspflichtverletzung des Betriebsinhabers und die Ursächlichkeit zwischen dieser Pflichtverletzung und der begangenen Zuwiderhandlung. Die Feststellung eines bestimmten Täters ist hierbei nicht unbedingt notwendig; — BT-Drucks. V/1269 S. 69 —.

Es könnte zweifelhaft sein, ob die Aufführung der §§ 73, 74 in § 207 Abs. 1 ABG durch § 33 OWiG im ganzen hinfällig geworden ist. Nach der amtl. Begr. soll § 33 OWiG nämlich die Verantwortlichkeit des Geschäftsherrn im Falle einer Verletzung seiner Aufsichtspflicht für alle in Betracht kommenden Fälle einheitlich und abschließend regeln — BT-Drucks. V/1269 S. 68 —. Es besteht jedoch die Möglichkeit, daß der Bergwerksbesitzer seine Verpflichtung zur Sorge für Sicherheit und Ordnung im Betrieb nach § 73 verletzt, ohne daß ein anderer eine mit Strafe oder Geldbuße bedrohte Zuwiderhandlung begeht. In diesem Falle kommen die §§ 73 und 207 Abs. 1 ABG zum Zuge. Eine Zuwiderhandlung des Bergwerksbesitzers gegen § 74 ABG kann etwa darin bestehen, daß er es unterläßt, in dem erforderlichen Umfange Aufsichtspersonen zu bestellen. Auch in diesem Falle braucht keine Zuwiderhandlung eines Untergebenen vorzuliegen. Somit ist § 207 Abs. 1 i. Verb. mit §§ 73, 74 ABG nicht in vollem Umfange durch die neue bundesrechtliche Regelung ersetzt worden.

3. Ein Bußgeldverfahren kann grundsätzlich nur gegen denjenigen durchgeführt werden, der die Zuwiderhandlung begangen hat. Es ist also im Einzelfalle zu prüfen, an wen sich die Vorschrift, gegen die verstoßen wurde, richtet. — Durch § 10 OWiG ist aber die Bußgelddrohung auch auf andere Personen ausgedehnt worden, die für den Inhaber eines Betriebes handeln. Zu diesen gehören im Bereich des Bergbaus die nach § 74 ABG bestellten Personen, da sie einen Teil der dem Bergwerksbesitzer nach § 73 obliegenden Leitungsaufgaben wahrnehmen.

§ 10 OWiG

Handeln für einen anderen

(1) Handelt jemand

1. als vertretungsberechtigtes Organ einer juristischen Person oder als Mitglied eines solchen Organs,
2. als vertretungsberechtigter Gesellschafter einer Personenhandelsgesellschaft oder
3. als gesetzlicher Vertreter eines anderen,

so ist ein Gesetz, nach dem besondere persönliche Merkmale (§ 9 Abs. 1 Satz 2) die Möglichkeit der Ahndung begründen, auch auf den Vertreter anzuwenden, wenn diese Merkmale zwar nicht bei ihm, aber bei dem Vertretenen vorliegen.

(2) Ist jemand von dem Inhaber eines Betriebes oder einem sonst dazu Befugten

1. beauftragt, den Betrieb ganz oder zum Teil zu leiten, oder
2. ausdrücklich beauftragt, in eigener Verantwortung Pflichten zu erfüllen, die den Inhaber des Betriebes treffen.

und handelt er auf Grund dieses Auftrages, so ist ein Gesetz, nach dem besondere persönliche Merkmale die Möglichkeit der Ahndung begründen, auch auf den Beauftragten anzuwenden, wenn diese Merkmale zwar nicht bei ihm, aber bei dem Inhaber des Betriebes vorliegen. Dem Betrieb im Sinne des Satzes 1 steht das Unternehmen gleich. Handelt jemand auf Grund eines entsprechenden Auftrages für eine Stelle, die Aufgaben der öffentlichen Verwaltung wahrnimmt, so ist Satz 1 sinngemäß anzuwenden.

(3) Die Absätze 1 und 2 sind auch dann anzuwenden, wenn die Rechtshandlung, welche die Vertretungsbefugnis oder das Auftragsverhältnis begründen sollte, unwirksam ist.

Die nach § 74 bestellten Personen können demnach mit Geldbuße belegt werden, wenn sie im Rahmen der ihnen übertragenen Aufgaben und Befugnisse Zuwiderhandlungen gegen Vorschriften begehen, die an den Bergwerksbesitzer gerichtet sind.

Andererseits kann nach § 26 OWiG gegen eine juristische Person als Bergwerksbesitzer eine Geldbuße festgesetzt werden, wenn die zu ihrer Vertretung berechtigten Personen eine Ordnungswidrigkeit oder Straftat begehen, durch die Pflichten der juristischen Person verletzt werden.

§ 26 OWiG

(1) Hat jemand als vertretungsberechtigtes Organ einer juristischen Person oder als Mitglied eines solchen Organs, als Vorstand eines nicht rechtsfähigen Vereins oder als vertretungsberechtigter Gesellschafter einer Personenhandelsgesellschaft eine Straftat oder Ordnungswidrigkeit begangen, durch die

1. Pflichten, welche die juristische Person oder die Personenvereinigung treffen, verletzt worden sind, oder
2. die juristische Person oder die Personenvereinigung bereichert worden ist oder werden sollte,

so kann gegen diese als Nebenfolge der Straftat oder Ordnungswidrigkeit eine Geldbuße festgesetzt werden.

(2) Die Geldbuße beträgt

1. im Falle einer vorsätzlichen Straftat bis zu hunderttausend Deutsche Mark,
2. im Falle einer fahrlässigen Straftat bis zu fünfzigtausend Deutsche Mark.

Im Falle einer Ordnungswidrigkeit bestimmt sich das Höchstmaß der Geldbuße nach dem für die Ordnungswidrigkeit angedrohten Höchstmaß der Geldbuße.

(3) § 13 Abs. 4 und § 14 gelten entsprechend.

(4) Kann wegen der Straftat oder Ordnungswidrigkeit aus tatsächlichen Gründen keine bestimmte Person verfolgt oder verurteilt oder eine Geldbuße gegen eine bestimmte Person nicht festgesetzt werden, so kann gegen die juristische Person oder die Personenvereinigung eine Geldbuße selbständig festgesetzt werden, wenn die Voraussetzungen des Absatzes 1 im übrigen vorliegen. Dasselbe gilt, wenn das Gericht von Strafe absieht oder das Verfahren nach einer Vorschrift eingestellt wird, die dies nach dem Ermessen der Verfolgungsbehörde oder des Gerichts oder im Einvernehmen beider zuläßt.

4. Die Anordnung muß „vollziehbar" sein, d. h. sie müßte notfalls im Verwaltungszwang durchgesetzt werden können. Das ist nach § 55 Abs. 1 VwVG NW dann der Fall, wenn die Anordnung unanfechtbar ist oder wenn die aufschiebende Wirkung eines Rechtsbehelfs nach § 80 Abs. 2 VwGO entfällt.

5. Die Geldbuße beträgt nach § 13 OWiG mindestens fünf Deutsche Mark. Grundlage für die Zumessung der Geldbuße sind die Bedeutung der Ordnungswidrigkeit und der Vorwurf, der den Täter trifft. Außer bei geringfügigen Ordnungswidrigkeiten kommen auch die wirtschaftlichen Verhältnisse des Täters in Betracht, § 13 Abs. 3 OWiG.

Bei geringfügigen Ordnungswidrigkeiten kann das Bergamt gem. § 56 Abs. 1 OWiG den Betroffenen verwarnen und ein Verwarnungsgeld von zwei bis zwanzig Deutsche Mark erheben.

6. Über die Verjährung von Ordnungswidrigkeiten enthält das ABG keine eigenen Bestimmungen, sie richtet sich daher nach dem OWiG. Nach § 27 Abs. 2 OWiG verjährt die Verfolgung von vorsätzlich begangenen Ordnungswidrigkeiten i. S. des § 207 ABG in drei Jahren, von fahrlässig begangenen in zwei Jahren. Die Verjährung beginnt mit dem Tage, an welchem die Handlung begangen ist, ohne Rücksicht auf den Zeitpunkt des eingetretenen Erfolges, § 27 Abs. 3 OWiG.

7. Das Gesetz über Ordnungswidrigkeiten v. 24. 5. 1968 (BGBl. I S 481) sieht ein Unterwerfungsverfahren nicht mehr vor. § 207 Abs. 3 ist daher zu streichen.

§ 208[1]

(1) Wer vorsätzlich eine der in § 207 Abs. 1 bezeichneten Handlungen begeht[2] und dadurch Leib oder Leben eines anderen gefährdet,[3] wird mit

Gefängnis bis zu einem Jahr und mit Geldstrafe oder mit einer dieser Strafen bestraft. Ebenso wird bestraft, wer vorsätzlich eine dieser Handlungen aus Gewinnsucht begeht.[4] Der Versuch ist strafbar.

(2) Wer in den Fällen des Absatzes 1 Satz 1 die Tat fahrlässig begeht, wird mit Gefängnis bis zu drei Monaten oder mit Geldstrafe bestraft.

Im Saarland:

§ 208

(1) Wer vorsätzlich eine der in § 207 Abs. 1 bezeichneten Handlungen begeht und dadurch Leben oder Gesundheit anderer gefährdet, wird mit Gefängnis bis zu einem Jahr und mit Geldstrafe oder mit einer dieser Strafen bestraft. Ebenso wird bestraft, wer vorsätzlich eine in § 207 Abs. 1 bezeichnete Handlung aus Gewinnsucht begeht.

(2) Der Versuch ist strafbar.

(3) Wer in den Fällen des Absatzes 1 Satz 1 die Tat fahrlässig begeht, wird mit Gefängnis bis zu drei Monaten oder mit Geldstrafe bestraft.

1. Die Neufassung des § 208 beruht auf dem 3. Bergrechtsänderungsgesetz NW und dem saarl. Gesetz zur Änderung des ABG. Der Gesetzgeber hielt es für erforderlich, bei der Gefährdung von Leib oder Leben eines anderen sowie bei Handlungen aus Gewinnsucht wie bisher die Möglichkeit der Bestrafung durch die Gerichte aufrechtzuerhalten. LT.-Drucks. Nr. 370 S. 8.

2. Soweit lediglich eine Verletzung der Aufsichtspflicht i. S. des § 33 OWiG in Betracht kommt, findet § 208 i. V. mit § 73 ABG keine Anwendung. Der Bundesgesetzgeber hat diesen Tatbestand bewußt nur zur Ordnungswidrigkeit erklärt — BT-Drucks. V/1269 S. 68 —. Verletzt der Bergwerksbesitzer nicht nur seine Pflicht zur Aufsicht, sondern begeht er eine strafbare Handlung i. S. v. § 208 ABG oder beteiligt er sich an einer solchen Straftat, die in seinem Betrieb begangen wird, so kann er als Täter oder auf Grund der Vorschriften des Strafgesetzbuches über die Teilnahme zur Verantwortung gezogen werden. — Hinsichtlich des Handelns für einen anderen (vertretungsberechtigte Organe, Aufsichtspersonen) ist in § 50 a StGB i. d. F. d. EGOWiG v. 24. 5. 1968 (BGBl. I S. 503) für Straftaten die gleiche Regelung getroffen worden wie in § 10 OWiG für Ordnungswidrigkeiten, vgl. § 207 Anm. 3.

3. Der Gefährdungstatbestand des § 208 ist nur erfüllt, wenn eine konkrete Gefahr vorliegt. Eine solche ist gegeben, wenn ein Zustand besteht, der die ernste naheliegende Besorgnis eines Schadens in sich schließt, während entfernte oder geringe Gefahren nicht berücksichtigt werden. RGSt. 30, 179; BGH, Beschl. v. 15. 2. 1963, NJW 1963 S. 1069. Es genügt die Gefährdung *einer* Person; Selbstgefährdung ist dagegen nicht strafbedroht. Der Vorsatz des Täters muß auch die Gefährdung umfassen. Bedingter Vorsatz genügt, sofern der Täter sich die Herbeiführung der konkreten Gefahr vorstellt und ihren Eintritt billigt. Von einer „Gefährdung" kann nicht mehr gesprochen werden, wenn der Schaden an Leib oder Leben bereits eingetreten ist. Dann kommt der Tatbestand der Tötung oder Körperverletzung in Betracht.

4. Aus Gewinnsucht handelt, wer seinen Erwerbssinn in einem ungewöhnlichen, ungesunden und anstößigen Maß betätigt. Schwarz-Dreher, StGB, 23. Aufl., § 27a Anm. 2.

§ 209

(1) Die Bußgelddrohungen des § 207 und Strafdrohungen des § 208 gelten auch für die in § 76 Abs. 2 genannten Personen.

(2) Begeht eine der in § 76 Abs. 2 genannten Personen eine Ordnungswidrigkeit nach § 207 und ist der Bergwerksbesitzer eine juristische Person oder eine Personengesellschaft des Handelsrechts, dann kann die nach § 207 zulässige Geldbuße auch gegen den Bergwerksbesitzer festgesetzt werden.

1. § 209 in der nordrhein-westfälischen und saarländischen Fassung ist ab 1. 10. 1968 gemäß Art. 153 Abs. 2 Nr. 33 (für NW) bzw. Nr. 38 (für Saarl.) des Einführungsgesetzes zum Gesetz über Ordnungswidrigkeiten (EGOWiG) v. 24. 5. 1968 (BGBl. I S. 503) nicht mehr anwendbar.

Die Verantwortung der vertretungsberechtigten Organe juristischer Personen, der vertretungsberechtigten Gesellschafter einer Personenhandelsgesellschaft und des gesetzlichen Vertreters eines anderen ist jetzt in § 10 des neuen Gesetzes über Ordnungswidrigkeiten (OWiG) v. 24. 5. 1968 (BGBl. I S. 481) geregelt. Danach können die genannten Personen z. B. als Bergwerksbesitzer verfolgt werden, wenn derjenige, den sie vertreten, diese Eigenschaft hat. — Nach § 26 OWiG kann andererseits auch gegen eine juristische Person oder eine Personenhandelsgesellschaft als Nebenfolge einer Straftat oder Ordnungswidrigkeit eine Geldbuße festgesetzt werden, wenn der Vertretungsberechtigte eine Straftat oder Ordnungswidrigkeit begangen hat, durch die Pflichten, welche die juristische Person oder die Personenvereinigung — etwa als Bergwerksbesitzer — treffen, verletzt worden sind oder wenn die juristische Person oder Personenvereinigung bereichert worden ist oder werden sollte. Vgl. § 207 Anm. 2 u. 3.

§ 209 a

Die Bergämter verfolgen strafbare Handlungen nach § 208.[1] Die Vorschrift des § 163 StPO gilt entsprechend.[2]

Im Saarland:

§ 209 a

Bei der Erforschung von strafbaren Handlungen gemäß § 208 haben die Bergämter die Rechte und Pflichten, die nach § 163 StPO den Behörden und Beamten des Polizeidienstes obliegen.

1. Eingehende Verfahrensvorschriften hierzu enthalten die mit RdErl. d. Min. f. Wirtsch., Mittelst. u. Verkehr NW. v. 1. 3. 1968 herausgegebenen Richtlinien für die Untersuchung von Unfällen, Schadensfällen und besonderen Ereignissen sowie für die Erforschung strafbarer Handlungen durch die Bergämter (MBl. NW. S. 656). Nach Nr. 1.13 der Richtlinien ist das Bergamt zuständig für die Erforschung strafbarer Handlungen, wenn diese Zuwiderhandlungen gegen berggesetzliche, bergbehördliche oder sonstige, den Bergwerksbetrieb betreffenden Vorschriften zum Gegenstand haben oder mit dem technischen Betriebsablauf im Zusammenhang stehen. Dagegen werden von den Polizeibehörden die Ermittlungen in den der Bergaufsicht unterliegenden Betrieben nach Nr. 1.2 der Richtlinien geführt: bei politischen Verbrechen und Vergehen sowie bei Sprengstoffdelikten, soweit sie sich über den Betrieb hinaus auswirken, bei sonstigen strafbaren Handlungen, die nicht mit dem technischen Betriebsablauf im Zusammenhang stehen, sowie bei Selbstmordfällen. Vgl. auch den im Hauptband S. 597 abgedruckten gemeinsamen RdErl. d. Innenmin. u. d. Min. f. Wirtsch. u. Verkehr NW v. 9. 3. 1953 (MBl. NW. S. 479) betr. polizeiliche Zuständigkeit für die Untersuchung von Unfällen und strafbaren Handlungen in Betrieben, die der Aufsicht der Bergbehörden unterstehen, der von den genannten Richtlinien unberührt geblieben ist.

2. Die Bergbehörde hat im Rahmen ihrer Aufsichtspflicht strafbare Handlungen nach § 163 StPO zu erforschen. Sie hat gegebenenfalls erforderliche Anordnungen zu treffen und die entstandenen Vorgänge unverzüglich der Staatsanwaltschaft zu übersenden, damit diese die ihr gesetzlich zugewiesene Leitung des Ermittlungsverfahrens übernehmen kann. Wilke, Gefahrenabwehr, Ermittlung und Strafverfolgung als polizeiliche Funktion der Bergbehörde, ZfB Bd. 109 S. 192 ff. Dies gilt vor allem für die zu Hilfsbeamten der Staatsanwaltschaft bestellten Beamten der Bergämter. VO über Hilfsbeamte der Staatsanwaltschaft v. 4. 12. 1962 (GV. NW. S. 603).

Die Zuständigkeit der Bergämter für die Verfolgung von Ordnungswidrigkeiten i. S. des § 207 beruht auf der Verordnung zur Bestimmung der für die Ahndung von Ordnungswidrigkeiten nach dem Allgemeinen Berggesetz zuständigen Behörde v. 7. 1. 1965 (GV. NW. S. 4). Das Verfahren ist geregelt in den Richtlinien für die Verfolgung von Ordnungswidrigkeiten durch die Bergämter, RdErl. d. Min. f. Wirtsch., Mittelst. u. Verkehr NW v. 26. 9. 1968 (MBl. NW. S. 1703).

Zehnter Titel

Besondere Bestimmungen

§§ 210, 211
(aufgehoben)

§ 211 a
(gegenstandslos)

§ 211 b

(1) In den *im § 211 a bezeichneten Landesteilen*[1] gelten für die Aufsuchung und Gewinnung von Eisenerzen — mit Ausnahme der Raseneisenerze — die folgenden Vorschriften entsprechend:

1. aus Titel II Abschnitt 1 „Vom Schürfen" die §§ 3 bis 9, § 10 Abs. 2 und § 11;
2. Titel III Abschnitt 1 „Von dem Bergwerkseigentum im allgemeinen" §§ 58 bis 63;
3. Titel III Abschnitt 2 „Von dem Betriebe und der Verwaltung" §§ 66 bis 79;
4. Titel III Abschnitt 3 „Von den Bergleuten und den Betriebsangestellten" §§ 80 bis 93;
5. Titel V Abschnitt 1 „Von der Grundabtretung" §§ 135 bis 147;
6. Titel V Abschnitt 2 „Von dem Schadensersatze für Beschädigungen des Grundeigentums" §§ 148 bis 152 mit der Maßgabe, daß zur Entschädigung gemäß §§ 148 bis 151 derjenige verpflichtet ist, für dessen Rechnung der Betrieb geführt wird, und daß diese Vorschriften keinen Ersatzanspruch wegen des Schadens begründen, der einer dem Gewinnungsrechte des Grundeigentümers unterliegenden Lagerstätte zugefügt wird;
7. Titel V Abschnitt 3 „Von dem Verhältnisse des Bergbaues zu öffentlichen Verkehrsanstalten" §§ 153, 154;

8. Titel VIII „Von den Bergbehörden“ §§ 187 bis 195;
9. Titel IX „Von der Bergaufsicht“ §§ 196 bis 209 a:
10. aus Titel XII „Schlußbestimmungen“ der § 242.

(2) Auf Verlangen der Bergbehörde haben die Beteiligten ihre Berechtigung zur Aufsuchung oder Gewinnung der Eisenerze nachzuweisen, insbesondere die bestehenden Abbauverträge vorzulegen sowie die sonst für erforderlich gehaltenen Auskünfte zu erteilen.

1. In § 211 a wurden das Herzogtum Schlesien und die Grafschaft Glatz genannt. — Die §§ 211 b und 211 c gelten entsprechend für die Aufsuchung und Gewinnung der mineralischen Heilquellen und der Kohlensäurequellen im ehemaligen Land Lippe. Art. III Abs. 5 des Zweiten Gesetzes zur Änderung berggesetzlicher Vorschriften im Lande Nordrhein-Westfalen v. 25. 5. 1954 (GS.NW. S. 694).

§ 211 c

(1) Wird die Aufsuchung und Gewinnung von Eisenerzen in den im *§ 211 d bezeichneten Landesteilen*[1] von mehreren Personen betrieben, so sind sie verpflichtet, durch notarielle oder gerichtliche Urkunde einen im Deutschen Reiche wohnenden Repräsentanten zu bestellen, falls ihre Vertretung nicht durch die allgemeinen Gesetze geordnet ist. Der Repräsentant ist befugt, die Beteiligten in allen mit dem Bergbau zusammenhängenden Angelegenheiten gerichtlich und außergerichtlich zu vertreten.

(2) Dasselbe gilt, wenn ein Alleinunternehmer im Ausland wohnt.

(3) Wird ein Repräsentant auf die Aufforderung der Bergbehörde nicht binnen einem Monate bestellt und unter Einreichung der Bestellungsurkunde namhaft gemacht, so ist die Bergbehörde befugt, bis zur ordnungsmäßigen Nachholung dieser Anzeige einen Repräsentanten zu bestellen und ihm eine angemessene Vergütung zuzusichern. Diese ist von den Beteiligten aufzubringen und nötigenfalls im Verwaltungszwangsverfahren einzuziehen. Gegenüber mehrereren Beteiligten ist die Aufforderung wirksam, wenn sie mindestens zwei Beteiligten ausgehändigt oder zugestellt ist.

(4) Der von der Bergbehörde bestellte Repräsentant hat die im Abs. 1 bezeichneten Befugnisse, sofern die Bergbehörde keine Beschränkung eintreten läßt.

1. Siehe Bemerkung zu § 211 b.

§§ 212, 213
(gegenstandslos)

§ 214

In den linksrheinischen Landesteilen unterstehen die Dachschieferbrüche, die Traßbrüche und die Basaltlavabrüche der Aufsicht durch die Bergbehörde.

§ 214 a

Auf alle im § 214 bezeichneten Dachschiefer-, Traß- und Basaltlavabrüche finden folgende Vorschriften dieses Gesetzes Anwendung:

1. aus Titel III Abschnitt 1 „Von dem Bergwerkseigentum im allgemeinen" die §§ 58 und 59;

2. (gegenstandslos);

3. Titel VIII „Von den Bergbehörden";

4. Titel IX „Von der Bergaufsicht";

5. aus dem Titel XII „Schlußbestimmungen" der § 242.

§ 214 b

Für die unterirdisch betriebenen Dachschiefer-, Traß- und Basaltlavabrüche (§ 214) gilt außerdem noch Titel III Abschnitt 3 „Von den Bergleuten und den Betriebsangestellten" §§ 80 bis 93.

§ 214 c

Auf die unterirdisch betriebenen Dachschieferbrüche (§ 214) kommen ferner noch zur Anwendung:

1. aus Titel III Abschnitt 1 „Von dem Bergwerkseigentum im allgemeinen" die §§ 60 bis 63, und zwar auch hinsichtlich der Anlage von Hilfsbauen im Felde eines anderen zur Dachschiefergewinnung Berechtigten, wobei letzteres dem Felde eines anderen Bergwerkseigentümers gleichgestellt wird;

2. aus Titel III Abschnitt 2 „Von dem Betriebe und der Verwaltung" die §§ 66 bis 79;

3. Titel V Abschnitt 1 „Von der Grundabtretung" §§ 135 bis 147 ...;

4. Titel V Abschnitt 2 „Von dem Schadensersatze für Beschädigungen des Grundeigentums" §§ 148 bis 152 mit der Maßgabe, daß zur Entschädigung gemäß §§ 148 bis 151 derjenige verpflichtet ist, für dessen Rechnung der Betrieb geführt wird, und daß diese Vorschriften keinen Ersatzanspruch wegen des Schadens begründen, der einer dem Gewinnungsrechte des Grundeigentümers unterliegenden Lagerstätte zugefügt wird;

5. Titel V Abschnitt 3 „Von dem Verhältnisse des Bergbaues zu öffentlichen Verkehrsanstalten" §§ 153 und 154.

§ 214 d

Wird ein Dachschiefer-, Traß- oder Basaltlavabruch in den linksrheinischen Landesteilen von mehreren Personen gemeinschaftlich betrieben, so finden die Bestimmungen des § 211 c entsprechende Anwendung.

Elfter Titel

Übergangsbestimmungen

§ 215

(1) Die Felder der bei Inkrafttreten dieses Gesetzes eingelegten Mutungen und bestehenden Bergwerke sind nach Maßgabe desselben (§§ 26 ff.) auf An-

trag des Berechtigten, wenn sie gestreckte sind, in Geviertfelder umzuwandeln ...

(2) Ein solcher Antrag gilt in Beziehung auf das begehrte freie Feld als Mutung.

(3) Bei konsolidierten Bergwerken kann der Antrag für jedes einzelne Feld gestellt werden.

(4) (gegenstandslos)

§ 216

(1) Von dem durch einen Umwandlungs- ... antrag (§ 215) begehrten Felde dürfen die gestreckten Felder anderer Bergwerke nur dann ganz oder teilweise umschlossen werden, wenn die Eigentümer dieser Bergwerke auf eine entsprechende Aufforderung der Bergbehörde sich mit der Umschließung ihrer Felder ausdrücklich einverstanden erklären.

(2) Tritt diese Voraussetzung nicht ein, so muß der Antragsteller sich eine entsprechende, nötigenfalls durch einen Beschluß des Oberbergamts festzustellende Beschränkung des begehrten Geviertfeldes gefallen lassen.

§ 217

(1) Mehrere Umwandlungsanträge, welche auf dasselbe Feld gerichtet sind, begründen für jeden Antragsteller ein gleiches Recht ...

(2) Bei einem solchen Zusammentreffen bildet, soweit eine vertragliche Einigung nicht zu erzielen ist, die Teilung in gleiche Teile die Regel.

(3) Das Oberbergamt ist jedoch befugt, bei der Verleihung von diesem Teilungsverhältnis abzuweichen, soweit dies für einen zweckmäßigen Betrieb erforderlich ist.

§ 218

(gegenstandslos)

§ 219

(1) Wird das Eigentum eines Bergwerks, dessen gestrecktes Feld von dem Geviertfelde eines anderen Bergwerks umschlossen ist, nach dem sechsten Titel dieses Gesetzes aufgehoben, so hat der Eigentümer des anderen Bergwerks, welchen die Bergbehörde von der Aufhebung in Kenntnis zu setzen hat, ein binnen vier Wochen nach dieser Mitteilung auszuübendes Vorzugsrecht auf die Vereinigung des gestreckten Feldes mit seinem Geviertfelde.

(2) Die Vereinigung wird durch einen Nachtrag zur Verleihungsurkunde ausgesprochen.

§ 220

(gegenstandslos)

§ 221

(gegenstandslos)

§ 222

Soweit dieses Gesetz auf die bereits bestehenden Bergwerke Anwendung findet, unterliegen seinen Bestimmungen auch diejenigen Bergwerke, die nach den bisherigen gesetzlichen Vorschriften auf Mineralien berechtigt sind, die der § 1 dieses Gesetzes nicht mehr aufführt.

§ 223

(1) Nach Inkrafttreten dieses Gesetzes findet eine Verleihung von Erbstollenrechten nicht mehr statt.

(2) Für die bereits bestehenden Erbstollengerechtigkeiten, insbesondere auch die Aufhebungsarten, verbleibt es bei den Bestimmungen der bisherigen Gesetze.

(3) Im Gesetzesbereiche des Allgemeinen Landrechts bedarf es jedoch zur Befreiung eines Bergwerks von den Erbstollengebühren durch eine Wasserhaltungsmaschine einer besonderen Verleihung der Erbstollengerechtigkeit für diese Maschine nicht mehr; es genügt, wenn die sonstigen Bedingungen der Enterbung nach den §§ 468 ff. Teil II Titel 16 des Allgemeinen Landrechts vorhanden sind. Erbstollenrechte erwirbt eine solche Wasserhaltungsmaschine für sich nicht.

§ 224

(1) Bei Bergwerkseigentum, das nach Inkrafttreten dieses Gesetzes verliehen wird, findet ein Anspruch auf Freikuxe nicht mehr statt.

(2) Den bereits vor diesem Zeitpunkte von Kirchen und Schulen ... und von Grundbesitzern erworbenen Freikuxen steht nur eine Realberechtigung auf den durch die bisherigen Gesetze bestimmten Ausbeuteanteil an dem Bergwerke zu.

(3) (gegenstandslos)

(4) Die Ablösung der Freikuxe bleibt der freien Vereinbarung der Beteiligten vorbehalten.

§ 225

(gegenstandslos)

§ 226

Die Rechtsverhältnisse der bei Inkrafttreten dieses Gesetzes in den rechtsrheinischen Landesteilen bestehenden Gewerkschaften sind, soweit es an vertraglichen Vereinbarungen fehlt und nicht in den nachfolgenden §§ 227 bis 239 etwas anderes bestimmt ist, nach den Vorschriften des vierten Titels zu beurteilen.

§ 227

Die §§ 94 bis 98, 101, 103, 105, 106, 108 ... finden auf die bestehenden Bergwerke keine Anwendung.

§ 228

Die bisherige Kuxeinteilung bleibt bestehen. Jedoch kann von jetzt an ein Kux nur noch in Zehntel geteilt werden.

§ 229

Die einzelnen Gewerken werden ... als Eigentümer ihrer Kuxe in das Grundbuch eingetragen.

§ 230

(1) Die einzelnen Gewerken können ihre Kuxe mit Hypotheken belasten.

(2) Eine Verpfändung des ganzen Bergwerks durch Mehrheitsbeschluß (§ 114) ist nur dann zulässig, wenn die einzelnen Kuxe nicht mit Hypotheken belastet sind. Anderenfalls ist Einstimmigkeit erforderlich.

§ 231

(1) Für die Kuxe gelten die sich auf die Grundstücke beziehenden Vorschriften des Bürgerlichen Gesetzbuches, soweit nichts anderes bestimmt ist.

(2) Die für den Erwerb des Eigentums und die Ansprüche aus dem Eigentum an Grundstücken geltenden Vorschriften finden auf die Kuxe entsprechende Anwendung.

§ 232

Der § 107 findet mit der Maßgabe Anwendung, daß die Erhebung der Beiträge beschlossen sein muß, bevor der bisherige Eigentümer der Kuxe diese veräußert hat.

§ 233

(gegenstandslos)

§ 234

In den Fällen der §§ 130 bis 132 erfolgt der Verkauf des Anteils im Wege der Zwangsversteigerung und die Zuschreibung des unverkäuflichen Anteils im Grundbuch ...

§ 235

(aufgehoben)

§ 235 a

(1) Durch einen von einer Mehrheit von mindestens drei Vierteln aller Kuxe gefaßten Beschluß kann, soweit nicht vertragliche Vereinbarungen entgegenstehen, jede bereits bestehende Gewerkschaft sich denjenigen Bestimmungen des vierten Titels, welche nach § 227 auf die bestehenden Gewerkschaften keine Anwendung finden, unterwerfen und insbesondere die Zahl der Kuxe auf Einhundert oder Eintausend mit der Wirkung bestimmen, daß die neuen Kuxe zum beweglichen Vermögen gehören.

(2) Stehen dieser Einteilung außergewöhnliche Schwierigkeiten entgegen, so kann mit Genehmigung des Ministers für Wirtschaft, Mittelstand und Verkehr ausnahmsweise eine andere Zahl der Kuxe bestimmt werden.

§ 235 b

(1) Der Beschluß der Gewerkschaft unterliegt der Bestätigung des Oberbergamts.

(2) Die Niederschrift über die Gewerkenversammlung, in der der Beschluß gefaßt wird, ist gerichtlich oder notariell zu beurkunden und in Ausfertigung dem Oberbergamt einzureichen. Das Grundbuchamt hat den Beschluß auf Grund einer Ausfertigung der Niederschrift im Grundbuch zu vermerken und dem Oberbergamt eine beglaubigte Abschrift des Vermerks mitzuteilen. Die Löschung des Vermerks erfolgt auf Antrag des Oberbergamts.

§ 235 c

(1) Wenn auf gewerkschaftlichen Anteilen ... Hypotheken lasten, so wird der wesentliche Inhalt des Beschlusses, insbesondere die Zahl der neuen Kuxe durch das Oberbergamt den aus dem ... Grundbuch ... ersichtlichen Berechtigten, sofern deren ausdrückliches Einverständnis mit dem Beschlusse nicht beigebracht ist, unter Verweisung auf diesen und die beiden nachstehenden Paragraphen bekannt gemacht.

(2) In jedem Falle erfolgt diese Bekanntmachung durch das Amtsblatt der Regierung, in deren Bezirk das Bergwerk liegt.

§ 235 d

(1) Die ... Hypothekengläubiger können ihre Befriedigung vor der Verfallzeit verlangen, soweit dies die Natur ihres Anspruchs gestattet.

(2) Dieses Recht muß binnen drei Monaten nach Ablauf des Tages, an welchem die Bekanntmachung zugestellt oder das die Bekanntmachung enthaltende Amtsblatt ausgegeben worden ist, durch Klage vor den ordentlichen Gerichten geltend gemacht und binnen derselben drei Monate muß dem Oberbergamt die erfolgte Klageerhebung nachgewiesen werden. Der eingeklagte Anspruch muß laufend gerichtlich weiter verfolgt werden. Die Nichtbeobachtung dieser Vorschriften zieht den Verlust des Rechts nach sich.

§ 235 e

Sind ... Hypothekengläubiger nicht vorhanden oder haben diese von ihrem Recht, ihre Befriedigung vor der Verfallzeit zu verlangen, keinen Gebrauch gemacht oder sind diese Rechte nach den vorstehenden Bestimmungen oder im Wege der gütlichen Einigung erledigt, so hat das Oberbergamt den Beschluß zu bestätigen und die erfolgte Bestätigung durch das Amtsblatt der Regierung, in deren Bezirk das Bergwerk liegt, bekanntzumachen.

§ 235 f

... Hypothekengläubiger, deren ... Realrecht erst nach dem Tage der Ausgabe des die Bekanntmachung des Beschlusses enthaltenden Amtsblattes oder nach der Eintragung des Vermerkes über den Beschluß im Grundbuch entstanden ist, sind den rechtlichen Folgen des Beschlusses ohne weiteres unterworfen.

§ 235 g

(1) Bleiben bei der neuen Einteilung überschießende Kuxteile zurück, so erfolgt nach der Zusammenlegung zu ganzen Kuxen auf Grund des bestätigten Beschlusses ihre Zwangsversteigerung auf Antrag des Repräsentanten oder Grubenvorstandes durch das zuständige Gericht, sofern nicht die an den überschießenden Kuxteilen beteiligten Gewerken über die anderweitige Zusammenlegung dieser Kuxteile ein Übereinkommen getroffen und der Gewerkschaft vorgelegt haben. Mit der Zwangsversteigerung erlöschen alle ... Realrechte und Hypotheken, welche auf den überschießenden Kuxteilen lasten.

(2) Die Kosten der Zwangsversteigerung fallen der Gewerkschaft zur Last.

§ 236

(1) Soweit nicht etwas anderes vereinbart ist, haften den bisherigen Hypothekengläubigern die neuen Kuxe, welche an die Stelle der verpfändeten Anteile treten, in der unter ihnen durch ihre Hypothekenrechte begründeten Rangordnung als Pfand.

(2) Die auf den gewerkschaftlichen Anteilen lastenden Hypotheken und anderen Realansprüche, die in der zweiten und dritten Abteilung des Grundbuchs eingetragen sind, werden wörtlich in die Kuxscheine übertragen.

(3) Die Löschung dieser Vermerke erfolgt nach den für die Löschung im Grundbuch maßgebenden Vorschriften.

§ 237

Ist ein Anteil nach § 236 mit Pfandrechten belastet, die an die Stelle bisheriger Hypotheken getreten sind, so wird der darüber ausgefertigte Kuxschein, sofern nur ein bisheriger Hypothekengläubiger vorhanden ist, diesem ausgehändigt; sind zwei oder mehr solche Gläubiger vorhanden, wird der Kuxschein für diese vom Grundbuchamt (§ 239) in Verwahrung genommen.

§ 238

(1) Der Verkauf von Kuxscheinen zum Zwecke der Befriedigung bisheriger Hypothekengläubiger erfolgt im Wege der Mobiliarversteigerung ...

(2) Der Versteigerungstermin ist allen aus dem Kuxscheine ersichtlichen Realberechtigten bekanntzumachen.

(3) Durch den Verkauf erlöschen alle Realansprüche auf den verkauften Anteil.

(4) Der erlöste Kaufpreis wird unter die Gläubiger nach der Rangordnung ihrer Forderungen verteilt.

(5) (gegenstandslos)

§ 239

Wenn und solange infolge der Ausführung eines unter den § 235 fallenden Beschlusses Anteile einzelner Gewerken mit Pfandrechten belastet sind, die an die Stelle bisheriger Hypotheken getreten sind, erfolgt die Führung des Gewerkenbuches und die Ausfertigung der Kuxscheine (§§ 103 und 121) durch das Grundbuchamt, welches das Grundbuch über das Bergwerk selbst zu führen hat.

§ 240

(1) In den Rechtsverhältnissen der Mitbeteiligten der bei Inkrafttreten dieses Gesetzes in den linksrheinischen Landesteilen im Besitze mehrerer Personen befindlichen Bergwerke wird durch dieses Gesetz nichts geändert. Jedoch finden die Bestimmungen des § 134 auch auf diese Bergwerke Anwendung.

(2) Durch einen von einer Mehrheit von mindestens drei Vierteln aller Anteile gefaßten Beschluß können die Mitbeteiligten eines solchen Bergwerks die im vierten Titel dieses Gesetzes (§§ 94 bis 132) enthaltene gewerkschaftliche Verfassung annehmen, soweit nicht vertragliche Vereinbarungen entgegenstehen.

(3) Der Beschluß ist gerichtlich oder notariell zu beurkunden.

§ 241

(gegenstandslos)

Zwölfter Titel

Schlußbestimmungen

§ 242

Wo in diesem Gesetz eine Frist nach Monaten bestimmt ist, fällt der Ablauf der Frist auf denjenigen Tag des letzten Monats, der durch seine Zahl dem Tage des Anfangs der Frist entspricht. Fehlt dieser Tag in dem letzten Monate, so läuft die Frist mit dem letzten Tage dieses Monats ab.

§ 243

Dieses Berggesetz tritt im ganzen Umfange der Monarchie mit dem 1. Oktober 1865 in Kraft.

§ 244

(gegenstandslos)

§ 245

(1) Für die Verwaltung der Bergbauhilfskassen bleibt das Gesetz vom 5. Juni 1863 maßgebend.

(2—3) (gegenstandslos).

§ 246

(gegenstandslos)

§§ 247—250

(§§ 247 u. 250 aufgehoben, im übrigen gegenstandslos)

II.

Viertes Gesetz zur Änderung berggesetzlicher Vorschriften im Lande Nordrhein-Westfalen

Vom 11. Juni 1968 (GV. NW. S. 201)

Der Landtag hat das folgende Gesetz beschlossen, das hiermit verkündet wird:

Artikel I

Das Allgemeine Berggesetz vom 24. Juni 1865 (PrGS. NW. S. 164), zuletzt geändert durch Gesetz vom 8. Dezember 1964 (GV. NW. S. 412), wird wie folgt geändert:

— Die in Art. I Nr. 1 bis 18 aufgeführten Änderungen des ABG sind im vorstehend abgedruckten Text berücksichtigt. —

Artikel II

Das Gesetz zur Erschließung von Erdöl und anderen Bodenschätzen (Erdölgesetz) vom 12. Mai 1934 (PrGS. NW. S. 189) wird wie folgt geändert:

In § 2 Ab. 1 Nr. 4 werden „§§ 80 bis 93" durch „§ 93" ersetzt.

Artikel III

Das Phosphoritgesetz vom 16. Oktober 1934 (PrGS. NW. S. 190) wird wie folgt geändert:

In § 3 Nr. 4 werden „§§ 80 bis 93" durch „§ 93" ersetzt.

Artikel IV

Das Gesetz über die Beaufsichtigung von unterirdischen Mineralgewinnungsbetrieben und Tiefbohrungen vom 18. Dezember 1933 (PrGS. NW. S. 189) wird wie folgt geändert:

In § 1 Abs. 1 Nr. 3 werden die Worte „die §§ 80 bis 93" durch „§ 93" ersetzt.

Artikel V

Das Gesetz über die Zulassung als Markscheider vom 27. Juli 1961 (GV. NW. S. 240) wird wie folgt geändert:

1. Der bisherige § 3 wird § 3 Abs. 1.
2. In § 3 wird folgender Absatz 2 angefügt:
   „(2) Der Markscheider genießt hinsichtlich der ihm durch Gesetz oder Bergverordnung zugewiesenen Arbeiten öffentlichen Glauben."

Artikel VI

Die Verordnung über die Verkündung von Bergpolizeiverordnungen vom 6. Oktober 1944 (RGBl. I S. 255) wird aufgehoben.

Artikel VII

Dieses Gesetz tritt am Tage nach der Verkündung[1] in Kraft.

[1] Die Verkündung erfolgte am 25. Juni 1968.

III.

Überprüfung verlassener Grubenbaue des Bergbaus

Gem. RdErl. d. Ministers für Wirtschaft, Mittelstand und Verkehr und d. Innenministers v. 18. 7. 1968 (MBl. NW. S. 1407)

1. Die Aufsicht der Bergbehörden über den Bergbau erstreckt sich nach der Neufassung des § 196 Abs. 2 des Allgemeinen Berggesetzes durch das Vierte Bergrechtsänderungsgesetz auch auf den Schutz der Oberfläche im Interesse der persönlichen Sicherheit und des öffentlichen Verkehrs nach dem Abbau. Daraus folgt, daß die Bergämter auch nach Durchführung des Abschlußbetriebsplanes alle erforderlichen Maßnahmen anzuordnen haben, wenn sich aus dem vorangegangenen Bergbau noch Gefahren für die persönliche Sicherheit und den öffentlichen Verkehr ergeben sollten. Die Anordnungen sind gegen den Bergwerksbesitzer, dessen Betrieb die Gefahren verursacht hat, oder gegen den Bergwerkseigentümer zu richten. Sind diese nicht bekannt oder nicht erreichbar, so haben die Bergämter die zur Sicherung der Oberfläche im Interesse der persönlichen Sicherheit und des öffentlichen Verkehrs erforderlichen Maßnahmen selbst durchführen zu lassen. Die Rechnungen über die entstandenen Kosten sind dem Oberbergamt zur weiteren Veranlassung vorzulegen.

2. Die Bergbehörden haben an Hand ihrer Unterlagen Feststellungen über das Vorhandensein verlassener Grubenbaue, die eine Gefahr für die öffentliche Sicherheit bieten können, zu treffen und Gefahrenstellen kartenmäßig zu erfassen. Gefährdete Bereiche sind nach dem Grad der Gefahr regelmäßig zu überprüfen.

3. Die örtlichen Ordnungsbehörden haben ihnen bekannt werdende Gefahrenstellen, die auf Bergbau zurückzuführen sind, dem zuständigen Bergamt unverzüglich mitzuteilen und bis zu dessen Eingreifen dringend notwendige Sicherungsmaßnahmen zu treffen.

4. Geht die Gefahr auf nicht mehr bestehendes Bergwerkseigentum zurück, so hat die örtliche Ordnungsbehörde die erforderlichen Sicherungsmaßnahmen in eigener Zuständigkeit anzuordnen. Die Bergbehörden haben den Ordnungsbehörden, soweit erforderlich, Amtshilfe zu leisten.

5. Der Gem. RdErl. v. 10. 11. 1965 (SMBl. NW. 750) wird aufgehoben.

Sachregister

zum Ergänzungsband

Abberufung einer Aufsichtsperson 27, auf Verlangen des Bergamts 32

Abgrenzung der Aufsichtsbereiche 26

Ablehnung der Betriebsplanzulassung 21

Abschlußbetriebsplan 18, 22, 55

Abweichung vom Betriebsplan 22

Ahndung von Ordnungswidrigkeiten durch BA 70

Anordnung, bergbehördliche 59, Bekanntmachung 61, Vollstreckung 61, Verstöße gegen Anordnungen 67

Anordnung der Betriebseinstellung 20, 22, 31

Anzeigepflicht bei Betriebseröffnung 17, bei Betriebseinstellung 22, bei Gefahren 62, bei Unfällen 63

Arbeitsmittel, Gesetz über technische A. 58

Arbeitsrechtliche Vorschriften 33

Arbeitszeit an heißen Betriebspunkten 34

Aufbereitungsanstalten 16, 54

Aufhebung des Bergwerkseigentums 48 ff.

Aufsichtspersonen 25 ff.

Aufsicht über Markscheider 51

Auskunftspflicht 32

Austausch von Feldesteilen 14

Auswahl der Aufsichtspersonen 27

Bauartzulassung 58

Befahrung durch Bergbehörde 32

Benutzung von Grundstücken, zum Schürfen 3, zum Bergwerksbetrieb 42

Bergaufsicht 54 ff.

Bergbaufreie Mineralien 1

Bergbehörden 51

Bergschaden 44 ff.

Bergschadenshaftung, Umfang 45, Ersatzpflichtige 46, Verjährung 47, Haftung nach Aufhebung des BW-Eigentums 49

Bergschadensverzicht 46

Bergverordnung 57 ff.

Bergwerksbesitzer, Haftung für Bergschäden 44 ff., Verantwortung im Betrieb 24 ff., 65

Bergwerkseigentum 14 ff., Aufhebung, Verzicht 49

Bestellung von Aufsichtspersonen 25 ff., 27

Beteiligung anderer Behörden, bei Betriebsplanzulassung 19, 20 bei Erlaubniserteilung 58

Betreiber eines Bergwerks 46

Betriebsplan 17 ff.

Betriebszwang 17

Eignung der Aufsichtspersonen 26

Einsicht in das Grubenbild 24

Einstellung des Betriebes, Anzeigepflicht 22, durch die Bergbehörde 20, 22, 31, Fortdauer der Bergaufsicht 55

Einzelbetriebsplan 18

Ende der Bergaufsicht 56

Erlaubnis des Oberbergamts 58

Erörterung des Betriebsplans 19, 21

Fachkunde der Aufsichtspersonen 26, 28

Feldesgröße 7

Geldbuße 67

Gemeinden, Unterrichtung über Abbauplanungen 23

Gewerkschaft, bergrechtliche 34 ff., altrechtliche 74 ff.
Grubenbaue, verlassene 55, 80
Grubenbild 23
Grubenvorstand 38
Grundabtretung 42 ff.

Handlungshaftung 56, 60
Hauptbetriebsplan 18
Heiße Betriebspunkte 34
Hilfsbaue 16

Juristische Personen, Haftung vertretungsberechtigter Organe 31, 67, 69

Konsolidation 12 ff.
Koordinierung der Betriebsaufsicht 26
Kündigung, fristlose 33

Leitung des Bergwerksbetriebes 24 ff.

Markscheider 51, öffentl. Glaube 53, 79
Markscheiderarbeiten 51
Markscheiderordnung 52
Maschinenschutzgesetz 58
Meldung von Unfällen und Schadensfällen 62
Mitgewinnung von beibrechenden Mineralien 15
Mutung 4

Nachtragsbetriebsplan 18

Oberflächennutzung 54, 57
Ordnungspflicht 60
Ordnungsverfügung 59 ff.
Ordnungswidrigkeiten 63 ff., Ahndung 70, Verjährung 67

Rahmenbetriebsplan 18
Rekultivierung 54, 57
Repräsentant 38

Sachverständige, öffentl. Bestellung 52
Schürfen 2 ff.
Sicherheit im Betrieb 24
Sicherheitsleistung 19, 21
Sonderbetriebsplan 18
Staatshaftung für Bergschäden 45
Staatsvorbehalt 1, 2
Stillgelegte Schächte 55
Straftaten 63 ff., 68, Verfolgung 69

Teilung eines Bergwerksfeldes 14

Überprüfung verlassener Grubenbaue 55, 80
Unglücksfälle 63
Unternehmerarbeiten, Beaufsichtigung 26
Untersagung der Leitung eines Betriebes 31
Unterwerfungsverfahren 67

Verfolgung strafbarer Handlungen 69
Verjährung von Bergschadensforderungen 47
Verkehrsanstalten, öffentliche 48
Verkündung von Bergverordnungen 59
Verlassene Grubenbaue 55, 80
Verleihung von Bergwerkseigentum 7 ff.
Verletzung der Aufsichtspflicht 65
Vermessung 11
Verwaltungszwang 62
Verzicht auf Bergwerkseigentum 50
Voraussetzungen für die Bestellung als Aufsichtsperson 28 ff.

Widerspruch gegen Betriebsplanzulassung 20

Zechenbuch 61
Zulassung eines Betriebsplans 19
Zustandshaftung 56, 60
Zuverlässigkeit der Aufsichtspersonen 26
Zwangsmittel 61

FSC
www.fsc.org
MIX
Papier | Fördert gute Waldnutzung
FSC® C083411

Kolibri 360 GmbH
Ferdinand-Jühlke-Straße 7
99095 Erfurt, Deutschland
produktsicherheit@kolibri360.de